LE COACHING AVEC LA MÉTHODE
APPRECIATIVE INQUIRY

Groupe Eyrolles
61, bd Saint-Germain
75240 Paris Cedex 05
www.editions-eyrolles.com

Chez le même éditeur :

Sylviane Cannio et Viviane Launer, *Cas de coaching commentés*

Alain Cardon, *Coaching d'équipe*

Thierry Chavel, *Le coaching de dirigeant*

François Delivré, *Le métier de coach*

Arnaud Tonnelé, *65 Outils pour accompagner le changement individuel et collectif*

© Groupe Eyrolles, 2007, 2014
ISBN : 978-2-212-55942-2

Jean Pagès

LE COACHING AVEC LA MÉTHODE *APPRECIATIVE INQUIRY*

Conduire le changement
en s'appuyant sur les réussites

Deuxième édition

EYROLLES

Sommaire

Remerciements

Je remercie vivement toutes les personnes sans lesquelles ce livre n'aurait pu voir le jour et qui ont contribué à l'améliorer.

Ron E. Fry, PhD, et David L. Cooperrider, PhD de la Weatherhead School of Management de la Case Western University de Cleveland, pour leurs travaux inspirants et leur soutien au développement de l'*Appreciative Inquiry* en France et en Europe francophone.

Christian Barou, coach et consultant, qui a été immédiatement séduit par la méthode et a souhaité que nous conduisions une expérience pilote et innovante en France avec l'accord et le soutien de son client, Patrik Andersson, responsable de la région Western Europe pour le développement produit d'Isover Saint-Gobain.

Zineb Benabdejlil, Executive Manager de Deo Conseil, et Mohamed Bachiri, président du directoire de la société marocaine de dragage des ports Drapor, qui ont organisé un sommet des cadres, ludique et productif, reposant sur l'utilisation de l'*Appreciative Inquiry*, et ont su en tirer le meilleur parti.

Xavier Caumon, coach et consultant, et François Darbandi, directeur des systèmes d'information de Bouygues Telecom, qui ont vu l'intérêt d'utiliser une méthode largement participative pour stimuler l'efficacité coopérative dans les équipes.

François Longchamp, coach, philosophe et lecteur assidu, dont les encouragements et suggestions m'ont été fort utiles.

Et, *last but not least*, Bertrand Joubert, qui a su, en toute amitié, mettre sa précision intellectuelle et linguistique au service de cet ouvrage.

Une méthode nouvelle et innovante de coaching collectif et de conduite du changement

L'*Appreciative Inquiry*, que l'on pourrait traduire par « Exploration appréciative » ou « Enquête valorisante[1] », est une méthode de conduite du changement qui a vu le jour à la fin des années 1980 aux États-Unis, puis s'y est largement répandue de 1990 à nos jours pour maintenant rayonner sur les cinq continents. Il n'y avait, au moment de la première parution de ce livre, en 2007, aucune publication en France sur cette approche. Le seul autre ouvrage en français fut écrit par le regretté Pierre-Claude Élie au Canada. Seuls une douzaine de consultants et quelques entreprises commençaient à s'y intéresser. Les choses ont bien changé depuis la création de notre institut, l'Institut français d'*Appreciative Inquiry*, en 2009 : plusieurs centaines de coachs, consultants, chefs de projet et managers ont maintenant été formés à la pratique de cette méthode et des dizaines d'entreprises l'ont utilisée avec bonheur dans les pays francophones d'Europe.

En outre, l'essor de la psychologie positive scientifique, qui se centre sur « l'étude des conditions et des processus qui contribuent à l'épanouissement ou au fonctionnement optimal des individus, des groupes et des institutions[2] », renforce l'intérêt croissant pour cette approche. Les ouvrages de Martin Seligman ou de Mihaly Csikszentmihaly[3] suivis en France par ceux de Jacques Lecomte, de Charles Martin-Krumm[4] notamment proposent une orientation

---

1. Nous conserverons volontairement l'expression américaine, largement connue dans le monde aujourd'hui et souvent employée sous sa forme abrégée AI.

2. Shelly L. Gable et Jonathan Haidt, « What (and why) is positive psychology ? », *Review of General Psychology*, 9 (2), 2005, p. 103-110.

3. Martin Seligman, *La Force de l'optimisme*, InterÉditions, 2008 ; *La Fabrique du bonheur*, InterÉditions, 2011. Mihaly Csikszentmihaly, *Vivre*, Robert Laffont, 2004 ; *Mieux vivre*, Pocket, 2006.

4. Jacques Lecomte (dir.), *Introduction à la psychologie positive*, Dunod, 2009 et *La Bonté humaine*, Odile Jacob, 2013. Charles Martin-Krumm et Cyril Tarquinio (dir.), *Traité de psychologie positive, fondements théoriques et implications pratiques*, De Boeck, 2011. Charles Martin-Krumm et Cyril Tarquinio et Marie-Josée Shaar (dir.), *Psychologie positive en environnement professionnel*, De Boeck, 2013.

de l'intelligence vers les ressources dont disposent les individus et les groupes humains de même nature que celle mise en œuvre par l'*Appreciative Inquiry*.

En effet, l'*Appreciative Inquiry* marque une rupture avec l'approche traditionnelle par la résolution de problèmes pour centrer l'attention et faire reposer le changement sur les réussites, les acquis et les énergies positives de l'entreprise, et ce selon une méthodologie précise.

Les applications de l'Exploration appréciative sont nombreuses ; elles vont du diagnostic social ou organisationnel à la cohésion d'équipe, jusqu'à l'innovation pour une meilleure organisation.

De quoi s'agit-il, en bref ?

Le premier postulat de l'*Appreciative Inquiry* est que chaque entreprise a quelque chose qui fonctionne bien, lui donne vie, efficacité et lui assure des succès.

L'*Appreciative Inquiry* commence par la découverte de ce qui est positif et fonctionne déjà dans le cadre de la mission et des objectifs que se donne l'entreprise ou l'équipe.

C'est ce «noyau de réussite» qui sert de point d'appui énergisant et inspirant pour l'élaboration de nouveaux projets.

En quoi est-ce différent des approches traditionnelles ?

Les conceptions traditionnelles du changement ont un point commun : elles considèrent les organisations ou les entreprises comme étant avant tout confrontées à des difficultés face auxquelles elles doivent déployer des actions correctrices.

Cette approche par la résolution de problèmes comprend en général plusieurs étapes : identifier le problème, rechercher et analyser les causes, proposer et appliquer des solutions et mesurer les résultats.

Cet état d'esprit, tourné vers la résolution de problèmes, a dominé le monde du travail pendant des années et fait preuve d'une certaine efficacité.

Nous commençons cependant à voir les limites de cette approche ; en effet, focaliser sans arrêt l'attention sur les problèmes a des conséquences indésirables :

- la réduction de la créativité et l'innovation due à la recherche de solutions spécifiques et limitées à des problèmes bien précis : l'accent étant mis sur les erreurs passées, aucune vision positive du futur n'est créée ;

- des réactions défensives face à la recherche des responsables des problèmes ;

- peu d'enthousiasme: les problèmes doivent être résolus les uns après les autres, ce qui est fastidieux;
- ceux qui résolvent le problème sont souvent loin du problème lui-même et de ceux qui mettront en œuvre les solutions;
- une résistance au changement: peu d'implication pour des solutions «forcées».

Qu'est-ce qu'une approche positive du changement dans les organisations?

Avec l'*Appreciative Inquiry*, nous n'ignorons bien sûr pas les problèmes, mais nous mettons en œuvre une approche centrée sur les solutions pour atteindre un état de réussite plutôt que sur les solutions pour supprimer un problème.

Avec l'*Appreciative Inquiry*, il s'agit donc de rechercher les causes du succès et non celles des échecs pour concevoir et bâtir le devenir de l'entreprise, du département ou de l'équipe.

Mener l'enquête pour découvrir les mystères du succès de l'entreprise, se définir un futur motivant, prendre des décisions engageantes et agir pour obtenir les résultats désirés, tels sont les temps forts de l'*Appreciative Inquiry*.

Le processus est proposé par des consultants ou des personnes qualifiées, mais à aucun moment les intervenants extérieurs n'interviennent pour donner des conseils et exercer une influence sur les choix à effectuer. En ce sens, la conduite d'une mission avec l'*Appreciative Inquiry* s'apparente à un coaching collectif.

Ce livre a pour ambition de décrire les principes fondateurs de cette approche et, surtout, de proposer un guide pratique afin de faciliter son utilisation dans les projets pour lesquels elle semblera la plus adaptée.

CHAPITRE 1

En guise d'introduction à l'*Appreciative Inquiry*

Un livre pour vous ?

Qui êtes-vous ? Que vivez-vous au travail ?

Votre entreprise (est-ce possible ?) est confrontée à un marché instable, une concurrence accrue, une forte exigence des consommateurs et à des incertitudes de plus en plus grandes sur tous les fronts. Vous devez vous adapter à cet environnement extrêmement changeant…

L'institution dans laquelle vous travaillez – administration, hôpital, maison de retraite, collectivité locale… – se doit de relever les défis de la qualité et se trouve soumise à des contrôles stricts de la part d'autorités de tutelle ou d'organismes extérieurs…

Vous accompagnez, en tant que consultant ou coach, les entreprises, les institutions et les individus dans la conduite de changements et vous mettez tout en œuvre pour que vos clients réussissent, et donc pour réussir vous-même…

Que vous soyez professionnel en entreprise, en institution ou bien consultant, vous savez qu'il vous faut aider l'organisation à développer son projet, à innover, à maintenir et développer son niveau de service tout en obtenant l'adhésion du plus grand nombre. Votre survie est à ce prix, l'intérêt de votre vie professionnelle également.

Pour vous, l'importance accordée aux personnes n'est pas un vain mot, et, sans faire porter la responsabilité à l'excès sur les individus, vous avez bien souvent constaté que les nécessaires changements ne peuvent se concrétiser qu'avec la participation «des hommes et des femmes de l'entreprise», comme on le dit pompeusement.

Mais comment faire sans tomber dans les écueils de la directivité inappropriée, de la persuasion ou de la manipulation qui ne produisent que des résultats éphémères ou négatifs ?

Ce livre s'adresse-t-il à vous? Oui, si...

Vous regrettez parfois un passé, qui n'est pas si lointain, dans lequel les professionnels savaient clairement quelles étaient leurs attributions et aimaient leur métier. De grandes choses ont alors été réalisées, et vous ne retrouvez plus aujourd'hui ce qui a fait la force de votre entreprise. Pourtant, les personnes avec leurs savoir-faire sont encore en grande partie présentes, mais on ne les prend plus suffisamment en compte, selon vous. On vous propose, ou on vous impose en douceur, des changements sans valider la richesse des acquis. Vous aimeriez bien retrouver aujourd'hui le chemin des succès passés...

Vous souhaitez voir davantage reconnues, au quotidien et de façon concrète, les compétences et les motivations de vos collaborateurs. Vous savez que nombreux sont ceux qui, dans les équipes, prennent leur travail à cœur et s'acquittent le mieux possible de leur mission. En outre, de bonnes idées émergent parfois, tant pour la qualité et la productivité du travail que pour le développement de l'entreprise. Quel dommage que tout cela ne soit pas perçu et intégré... !

Vous croyez qu'il est possible d'évoluer, que votre société va encore améliorer ses performances, rendre un meilleur service à la collectivité, et que chacun peut contribuer en donnant le meilleur de lui-même. Vous êtes persuadé que les êtres sont évolutifs, que les systèmes ne sont pas fermés, et vous entendez agir pour un futur meilleur...

Vous avez la volonté d'échanger avec vos collègues, d'exprimer vos points de vue et d'écouter celui des autres, vous pensez que l'intelligence conjuguée des individus produit de meilleurs résultats que celle d'un seul. Bien sûr, cela peut prendre pour vous différentes formes, telles que travailler à deux, en petits groupes ou en groupes élargis...

Vous pensez que l'on avance mieux si l'on a une vision d'ensemble de la société et de son projet, que créativité et confiance dans l'expérience acquise sont compatibles...

Suivre un processus logique et cohérent vous paraît indispensable; mais décider de façon rationnelle doit, selon vous, se conjuguer avec la prise en compte de différents avis et de sensibilités diverses...

Vous savez qu'il est indispensable de structurer une entreprise et d'organiser son fonctionnement et son action, mais vous avez constaté que les meilleures décisions ou innovations sont parfois le résultat de l'intuition et de l'improvisation...

Et, si, en plus de tout cela, vous voulez agir avec efficacité pour la réalisation et la réussite de tous, *et y prendre plaisir*, alors ce livre s'adresse bien à vous !

Vous avez dit « positif » ?

L'*Appreciative Inquiry* : une approche positive de l'organisation

L'*Appreciative Inquiry* repose, vous l'avez compris, sur une approche positive de l'organisation et, en particulier, comme son nom le laisse entendre, sur la recherche de ce qui fonctionne et assure réussite et vie.

C'est à partir de ce socle positif que le développement de l'organisation ou la conduite d'un changement est envisagé selon un processus hautement participatif.

Voilà une entrée en matière qui contredit la pratique courante !

La culture du déficit

En effet, la prégnance de la critique n'est pas seulement un phénomène français, comme en atteste Charles Elliott[1] de l'université de Cambridge, même si, sur ce registre, nous tenons notre rang !

La culture de la critique et de la recherche du déficit est ancrée en chacun de nous depuis l'école primaire, renforcée par les études ou apprentissages divers, confortée par le mode de management à l'intérieur des organisations.

Qui n'a connu, sur son bulletin scolaire, au moins une fois, le traditionnel « peut mieux faire » ? Combien de managers, bien intentionnés, négligent-ils de souligner les 90 % du travail bien fait au quotidien pour n'intervenir que lorsqu'une difficulté se présente ou une erreur est commise ? Combien de présidents, directeurs généraux ou directeurs ont-ils pensé que, pour faire progresser leur société, la seule solution était de pointer les problèmes pour les résoudre ?

Nous avons tous appris, même si le propos « managérial » ne l'affirme pas, que travailler, évoluer, gouverner consistait, comme le disait un ancien Premier ministre de la France, « avant tout à choisir les difficultés auxquelles on voulait être confronté ».

---

1. Charles Elliott, *Locating the Energy for Change*, IISD, 1999.

Positifs à tous crins !

Cette culture du déficit connaît aussi sa « contre-culture » ! Il faudrait, selon elle, être positif, afficher une forme resplendissante, se prendre en main pour mener une vie heureuse et, à coups de *just do it*, réaliser nos aspirations, y compris les plus insensées. Bonheur obligatoire et maîtrise factice constituent une nouvelle vitrine pour la personne sociale...

Cette pensée positive forcée, contraignante et ne reposant pas sur des fondations solides, s'apparente aussi à ce que Claude Lévi-Strauss[1] qualifiait de « pensée magique ». Elle relève de naïvetés touchantes, et bien compréhensibles parfois. Il suffirait de souhaiter une réalisation, un événement pour qu'il se produise. « En y pensant bien fort... » Or, s'il est utile de croire en sa réussite pour qu'elle advienne, cela ne suffit pourtant pas...

Il ne faut bien sûr pas ici confondre cette pensée positive avec l'apport de la psychologie positive scientifique qui applique rigoureusement les méthodes de la psychologie – expérimentations, enquêtes, études neuroscientifiques – au développement des individus, des entreprises et des sociétés.

Cependant, l'injonction au « positif » reste forte, malgré les précautions que prennent les psychologues et chercheurs pour qu'une telle confusion ne s'installe pas. Ainsi, dans une manifestation organisée à Paris au début de l'année 2014, un intervenant crut-il bon de se gausser de l'esprit négatif des Français, soi-disant présent dans notre langue elle-même. Pourquoi ne pas dire : « Prenez vos bagages avec vous » plutôt que de conserver l'emploi d'une forme négative : « Pensez à ne pas oublier vos bagages », ou encore pourquoi pas : « Vous pouvez me rappeler » plutôt que : « N'hésitez pas à me rappeler » ou bien encore, ne vaudrait-il pas mieux dire : « C'est bien » plutôt que « Ce n'est pas mal ». À première vue, cet emploi très fréquent en français de formules négatives semble bien brider une expression émotionnelle positive, et, comme cela existe effectivement dans notre culture, il est facile d'opérer des généralisations simplificatrices. Cependant, si l'on considère ces formulations avec un présupposé positif sur notre culture et notre langue, ne peut-on y voir tout autre chose ?

Ainsi, « Prenez vos bagages » est un impératif bien plus contraignant que la formule « négative » française, plus douce et qui intègre un implicite : il est possible et donc compréhensible d'oublier son bagage. De même, n'y a-t-il pas dans : « N'hésitez pas à me rappeler », la considération que la personne pourrait, pour ne pas déranger et donc par délicatesse, ne pas appeler ; l'autorisation lui est alors aimablement donnée... Enfin, notre troisième exemple peut effective-

---

1. Claude Lévi-Strauss, *La Pensée sauvage*, Plon, 1962.

ment évoquer notre difficulté à émettre un compliment, mais ne peut-on aussi y voir, parfois, le souci de ne pas froisser la modestie d'une personne. Certes, notre culture est complexe et parfois difficilement accessible à des personnes non informées, elle porte néanmoins, je crois, une finesse de sentiments que l'on retrouve dans notre musique, notre peinture et notre littérature.

Porter, au nom d'une vision «positive», de tels jugements négatifs sur une culture est pour le moins singulier !

Du négatif au positif

Le négatif existe : faut-il le nier et le gommer ? Il est aisé de constater des dysfonctionnements dans les entreprises, tout comme dans le comportement des autres, y compris les plus proches ! Faut-il s'en satisfaire et se résigner à ce que la qualité d'un service ou le bien-être de chacun en soit affecté ? Certes, non ! Ce n'est cependant pas en focalisant sur ce qui ne fonctionne pas que l'on obtient les meilleurs résultats. Les grands sportifs le savent bien qui visualisent leurs coups gagnants plutôt que de s'acharner uniquement à corriger ceux qui les font échouer !

Combien de conflits, par exemple, ont-ils fait l'objet de réunions dans lesquelles on focalisait sur les manifestations et les causes des problèmes sans pour autant déboucher sur des solutions ?

David Cooperrider[1] raconte comment un célèbre cabinet conseil l'appela désemparé : travaillant sur la résolution de problèmes de harcèlement sexuel au travail, les consultants avaient mis en place des réunions d'expression et d'explication qui non seulement ne furent guère suivies d'effet, mais, après deux ans, se soldèrent par un fort absentéisme… J'ai moi-même plusieurs fois constaté que, malgré l'expression de leurs problèmes interpersonnels en réunion avec l'aide d'un médiateur qualifié, différentes personnes en conflit étaient incapables de modifier leur comportement, la tension ne se dénouant que par le départ de tel ou tel.

Vouloir traiter ce qui dysfonctionne est légitime, mais focaliser sur ce qui dysfonctionne réduit considérablement le champ de vision et revient à faire de la résolution du problème un objectif en soi. Avec l'*Appreciative Inquiry*, on travaille directement sur le projet qui requiert la résolution du problème.

---

1. David L. Cooperrider, Diana Whitney, Jacqueline M. Stravos, *Appreciative Inquiry Handbook*, Lakeshore Communications Paperback, 2003.

S'appuyer sur les réussites

Voici, pour illustrer ce point, un exemple emprunté à la pratique de coaching individuel. Une de mes clientes doit faire une communication publique à propos d'un ouvrage qu'elle vient d'écrire et se sent très angoissée à cette idée. Elle déclare avoir toujours eu peur de parler en public. Il aurait été possible de lui poser des questions permettant de comprendre comment se manifeste le problème, à quel moment, comment elle se représente le fait de parler en public, ce qu'elle éprouve, ce qu'elle se dit… bref, tout ce qui compose son expérience pour trouver sur quelle cause agir en priorité. Une seule question s'est révélée plus utile ; la voici : « Vous souvenez-vous d'un moment dans lequel vous vous êtes sentie à l'aise, confiante et efficace, en prenant la parole en public ? » Sa réponse fut : « Une fois, intervenante lors d'un colloque, j'ai été amenée à réagir à ce que disait un collègue, à partir de quelques notes et en faisant part de mon expérience personnelle… »

Les conditions de réussite étaient, pour elle, de s'exprimer de façon émotionnelle sur son expérience et, ensuite, ensuite seulement, de tirer les enseignements plus théoriques de ce qu'elle avait vécu. Elle avait ainsi le sentiment d'établir un contact avec son public et elle se sentait authentique et légitime.

Les bienfaits du sourire…

La recherche de ce qui fonctionne bien a de nombreux avantages physiologiques, outre les non négligeables bienfaits musculaires du sourire… Elle permet également aux personnes de décentrer leur attention de ce qui crée du malaise chez elles, de ne pas y penser momentanément, et donc de ne plus s'associer aux sensations de désagrément qui les accompagnent. Ainsi, un cadre surmené, évoquant son stress et l'ensemble des problèmes qu'il a présent à l'esprit, et que l'on pourrait nommer « trafic mental » selon le coach Xavier Caumon, adopte un rythme verbal très rapide et respire si superficiellement que son interlocuteur en étouffe parfois lui-même ! C'est d'ailleurs une des raisons pour lesquelles les psychologues ou médecins (voire d'autres, tels les avocats) sont parfois épuisés après leurs entretiens : empathiques avec leurs patients ou clients, ils se sont synchronisés sur leur physiologie.

En sens inverse, les états émotionnels positifs apparaissant à l'occasion de l'évocation de moments agréables, de réussites et de joies engendrent non seulement bien-être, mais aussi inspiration, aux sens physiologique et psychologique. Les pédagogues savent bien maintenant que le jeu stimule la créativité et facilite les apprentissages.

Cela rejoint les travaux réalisés en psychologie positive : on a pu constater expérimentalement, par exemple, que des médecins posaient plus vite et en prenant moins d'information un diagnostic juste si on leur faisait ressentir des émotions agréables, en leur distribuant un simple petit sac de bonbons, que leurs collègues restés dans un état émotionnel neutre. Heureusement, tous les médecins ont fini par poser un diagnostic correct![1]

Prendre en compte et apprécier

On sait depuis les années 1950-1960, notamment grâce aux travaux d'Abraham Maslow et de Frank Herzberg, que la reconnaissance, le respect et l'estime sont au cœur de la motivation au travail (cf. tableau ci-après).

Dans le même esprit, l'analyse transactionnelle a mis en avant, dans les entreprises, dans les années 1970-1980, la notion de *stroke* ou «signe de reconnaissance» comme facteur de motivation et bonne pratique de management : elle préconisait aux managers de donner à leurs collaborateurs des signes de reconnaissance «conditionnels», basés sur les résultats, par exemple, ou «inconditionnels», fondés sur le respect de la personne elle-même.

Ceci est maintenant devenu un lieu commun dans les formations de managers ; pourtant, il n'est pas difficile de constater que nombre de responsables n'interviennent guère que pour régler des problèmes, pointer ce qui n'a pas fonctionné et se tiennent cois le reste du temps...

La force du feedback positif

Un de mes clients, directeur d'une agence locale d'une grande entreprise publique, faisant ce constat, changea radicalement son comportement : il décida d'entretiens individuels trimestriels avec ses collaborateurs, soulignant les actions conduites avec succès et invitant chacun à préciser ses objectifs et la façon de les atteindre pour le trimestre suivant. Le climat social s'améliora rapidement, tout comme la productivité. En outre, le niveau de stress de mon client diminua considérablement !

Si le fait de reconnaître et d'apprécier commence à devenir une pratique managériale établie, ce n'est pas encore toujours le cas en matière de conduite du changement.

---

1. Carlos A. Estrada, Alice M. Isen et Mark J. Young, «Positive Affect Facilitates Integration of Information and Decreases Anchoring in Reasoning among Physicians», *Science Direct*, 1997.

Facteurs ayant un effet sur les attitudes envers le travail

Tous les facteurs qui causent l'insatisfaction	Tous les facteurs qui causent la satisfaction
69 **Facteurs de conditionnement, extrinsèques au travail,** par ordre d'importance : • Politique de la compagnie et gestion • Surveillance • Relations entre personnes • Conditions de travail • Salaire • Rang, statut, sécurité	**19**
Facteurs de dépassement ou facteurs moteurs, intrinsèques au travail, par ordre d'importance : • Réalisation • Considération • Travail lui-même • Responsabilité Avancement Croissance	**81**

80% 60 40 20 0 20 40 60 80%

D'après Frank Herzberg.

Herzberg distinguait les facteurs de satisfaction et d'insatisfaction au travail. On voit sur ce tableau que les éléments « extrinsèques », c'est-à-dire ce qui est extérieur au travail lui-même, ne sont qu'une source de motivation relative : un salarié est insatisfait si sa rémunération est insuffisante, mais il ne viendra pas nécessairement au travail le matin avec entrain s'il juge son traitement correct…

En revanche, les facteurs « intrinsèques » au travail et relatifs à la considération apportée à la personne et à ses perspectives de croissance sont les plus motivants. Un salarié est satisfait s'il perçoit l'intérêt de son travail, s'il est reconnu pour son apport et s'il dispose de perspectives de développement ou d'apprentissages nouveaux.

J'ai eu l'occasion de vérifier les conclusions de Herzberg en demandant à des groupes de stagiaires en formation continue de choisir sept sources de motivation dans une liste de trente-cinq, qui mélangeait les sources « intrinsèques » et « extrinsèques ». Dans tous les cas, qu'il s'agisse de publics européens ou maghrébins, d'étudiants, de salariés de collectivités territoriales, de salariés de grandes ou moyennes entreprises, de personnes jeunes ou seniors, les résultats de ces jeux pédagogiques ont corroboré les travaux de Herzberg près de cinquante ans plus tard ! Bien que nuançant l'apport de Herzberg, Claude Lévy-

Leboyer[1] en retient, dans les conclusions de sa recherche sur la motivation publiées en 1998, les termes principaux.

Les valeurs mises en œuvre avec l'*Appreciative Inquiry*

Nous pensons qu'il est possible aux organisations et aux personnes qui les composent de tirer parti de leurs ressources, de leurs richesses passées et présentes, de leurs réussites, pour se donner des projets motivants et évoluer.

Nous croyons qu'il est possible d'œuvrer pour le bénéfice des activités de l'organisation et simultanément pour le bien-être de tous.

Nous misons sur la confiance accordée aux personnes qui, dans un contexte favorable, peuvent actualiser leurs aspirations à contribuer au développement collectif.

Nous valorisons les ressources des personnes de l'entreprise et postulons que l'on peut les utiliser et les accroître.

Nous prenons appui sur l'échange et le partage comme enrichissement mutuel, facteur de motivation et de démultiplication des intelligences individuelles.

Nous choisissons de conduire des changements, non dans la compulsion ou la pression, mais avec plaisir et sérénité.

Positifs maintenant ?

La SWOT fatigue

Le modèle largement diffusé par le groupe General Management de la Harvard Business School dans les années 1960 a fourni un cadre de réflexion fécond pour les entreprises. Rappelons-le : SWOT signifie *Strengths, Weaknesses, Opportunities, Threats* – soit Forces, Faiblesses, Opportunités et Menaces. On voit là une recherche d'équilibre pour rendre objective l'analyse de la situation de l'entreprise.

Nombre d'études de situation, de préparation à la réflexion stratégique, ont pris appui sur cette méthode. Cependant, elle montre aussi ses limites : elle équilibre justement ce qui est négatif et positif, mais se révèle plutôt fastidieuse, trop simplificatrice de la réalité, et n'engendre guère de motivation ou d'enthousiasme pour la conduite des changements.

---

1. Claude Lévy-Leboyer, *La Motivation dans l'entreprise*, Éditions d'Organisation, 1998.

Un bilan résolument déséquilibré

Un directeur des ventes européen d'un grand groupe industriel souhaitait, deux ans après une réorganisation, faire le point sur l'évolution de ses équipes, en coordination avec le service marketing. Consultés, nous sentions une réticence de sa part à se livrer à cet exercice qu'il pensait pourtant nécessaire.

La raison ? Il était las de ces études qui permettaient de faire des constats, de relever des données qui seraient ensuite analysées en petits ateliers de travail afin de corriger les erreurs commises sur les deux ans.

Quand nous lui fîmes la proposition de rechercher toutes les réussites, les succès, les moments de bonheur professionnel avec ses équipes, afin de mieux préparer la suite, nous vîmes son visage s'éclairer. « Enfin une bouffée d'air frais ! » nous confia-t-il.

L'objectivité

La notion d'objectivité ne convainc plus grand monde depuis plusieurs années. Paul Watzlawick[1] était même allé jusqu'à contester l'idée de réalité, montrant que nos représentations seules existent. Comment savons-nous ce que nous savons ? Pouvons-nous faire confiance à nos sens ? Il semble bien que non...

La célèbre illusion d'optique de Müller-Lyer le montre bien :

Les deux segments de droite AB et CD sont de même longueur, et cependant CD semble plus grand que AB. Pourquoi ? À cause de l'influence, sur chaque segment, des lignes obliques voisines.

Si l'objectivité est elle-même une notion toute relative, que dire d'une approche qui considérerait comme objective l'affirmation selon laquelle il y a « de bonnes ou mauvaises choses », que ce qui fonctionne est nécessairement assorti de ce qui ne fonctionne pas ?

---

1. Paul Watzlawick, *La Réalité de la réalité*, Le Seuil, 1978.

Un exemple de cette vision est fourni par certaines méthodes d'évaluation du personnel dans l'entreprise. On considère que les salariés se répartissent suivant une courbe dite de Gauss selon laquelle il y aurait nécessairement 20 % de très bons, 20 % de « mauvais » et 60 % de personnes « moyennes ». Je caricature à peine ! Voilà un système simple pour répartir une enveloppe financière et conduire les managers à fixer un prétendu état des choses !

La réalité et la rationalité

En commençant leur ouvrage sur l'exploration des grands courants de la pensée stratégique, Henry Mintzberg, Bruce Ahlstrand et Joseph Lampel[1] racontent la fable suivante, empruntée à John Godfrey Saxe (1816-1887).

Les aveugles et l'éléphant

Six chercheurs d'Hindoustan,
Tous avides de savoir,
S'en allèrent voir l'éléphant
Espérant tous, dans le noir
(Ils étaient aveugles, les pauvres !)
S'en faire quand même une notion
Grâce à leur don d'observation

S'approchant de la bête
Le premier arrivé se cogne
À son flanc vaste et puissant.
Il trébuche, jure et braille :
« Dieu du ciel, mais cet éléphant,
C'est une véritable muraille ! »

Le deuxième palpe une défense,
S'écrit : « Holà ! Qu'est-ce que c'est ?
Si rond, si lisse et si pointu ?
J'en mettrais ma main au feu,
Ce que j'ai là, sous les yeux,
Ressemble bien à un épieu ! »

Le troisième s'approche à son tour,
Et rencontre, en tâtonnant,
La trompe remuante de l'animal
Se tortillant dans sa main.
« Il me semble que cet éléphant

---

1. Henry Mintzberg, Bruce Ahlstrand et Joseph Lampel, *Safari en pays de stratégie*, Village Mondial, 1999, réédition Pearson, 2009.

Ressemble à un serpent ! »

Le quatrième tend la main
Et trouve un genou sur sa route.
« Mes amis, pour moi, aucun doute !
Il n'y a là rien d'étonnant.
Il est bien clair que l'éléphant
C'est tout à fait comme un pin ! »

Le cinquième tombe sur l'oreille
Et s'écrie : « À quoi bon le nier ?
Sans y voir, je peux vous dire
À quoi cette bête est pareille.
Un éléphant ? Quelle merveille !
C'est tout comme un éventail ! »

À peine approche-t-il de l'animal
Que, s'accrochant à la queue,
Le sixième, sans penser à mal,
Affirme d'un ton solennel :
« Cette chose merveilleuse que nous avons là
Est tout à fait comme une ficelle ! »

Et ainsi, nos chercheurs d'Hindoustan
Se disputaient aveuglément,
Chacun défendant son opinion,
Certain d'être dans le vrai.
Chacun avait certes un peu raison…
Mais tous pataugeaient dans l'erreur

Moralité

Souvent, dans les débats théologiques,
On s'accable ainsi d'invectives
Sans se soucier le moins du monde
De ce que l'autre a bien voulu dire.
Et de quoi dispute-t-on si fort ?
D'un éléphant que personne n'a vu !

Ainsi, à la fin de leur ouvrage, après une analyse très fine des méthodes connues de planification stratégique, les auteurs de *Safari en pays de stratégie* concluent qu'il est quasiment impossible de fonder une stratégie d'entreprise sur une réalité qui serait observée «objectivement», que tout cela est bien trop compliqué et aléatoire !

Une autre illusion : lapin ou canard ?

Source : Wikipédia. Dessin publié le 23 octobre 1892
dans le *Fliegende Blätter*, journal satirique munichois,
puis dans l'hebdomadaire new-yorkais *Harper's Weekly*.

Une réalité de plus en plus complexe

La réalité est si complexe qu'aucun modèle ne peut permettre de l'appréhender en totalité, et, si bien des méthodes peuvent apporter des éclairages, aucune ne permet de fonder une vision « objective » et sécuriser les décisions.

On peut d'ailleurs observer une tendance à réhabiliter l'apport de l'intuition en matière de stratégie et de management ; ainsi Warren Wilhem[1] écrit-il à propos des leaders : « L'accélération de la production d'information et le développement fantastique des possibilités de transmission et de communication leur imposent désormais d'en absorber des quantités phénoménales et d'utiliser au mieux cette matière première stratégique. Visionnaires, les meilleurs leaders portent sur le monde un regard différent. À partir de données dont nous disposons tous, ils parviennent à concevoir l'invisible, à prévoir l'émergence de phénomènes nouveaux. »

Il faut donc, en matière de conduite de changement, bien sûr faire des choix, décider d'orientations nouvelles en se fondant sur la connaissance la plus précise des réalités concrètes de l'entreprise, mais aussi intégrer la diversité des points de vue : si nos chercheurs hindoustanis avaient partagé leurs informations pour les additionner, plutôt que de nier ce que les autres avaient observé, nul doute que leur vision de l'éléphant aurait été plus complète !

C'est en ce sens que la force d'une vision enrichie de l'apport de toutes les ressources de l'entreprise apporte une réponse aux enjeux actuels.

---

1. Warren Wilhem, « L'étoffe des leaders », in Fondation Drucker, *Le Leader de demain*, Village Mondial, 1997.

L'essor du coaching

Le développement d'une approche positive de conduite du changement rejoint un phénomène récent : l'essor du coaching en entreprise. En effet, dans le prolongement des découvertes de l'école des relations humaines sur la motivation (cf. encadré ci-dessous), les méthodes de management ont évolué vers plus de participation et d'implication des salariés.

L'émergence des relations humaines dans le management[1]

Consultant avant la lettre, Taylor se préoccupe, vers 1900, de soulager le travail des ouvriers. La fine décomposition des gestes que nécessite chaque tâche doit conduire l'ouvrier à des automatismes et à l'efficacité.

Cependant, à partir des années 1920, alors que l'on cherche toujours à améliorer la productivité, on constate qu'une bonne organisation du travail ne suffit pas, mais que des conditions psychologiques interviennent également. Les recherches d'**Elton Mayo** sont connues : dans une usine de Cleveland vers 1930, il choisit un atelier « pilote » pour une expérience sur les conditions de travail, et l'éclairage en particulier.

La productivité de l'atelier croît avec le changement d'éclairage et… continue de croître, même lorsque les conditions premières sont rétablies. Se sentir embarqué dans une « expérience pilote » est générateur d'énergie.

Vers 1950, l'accent est mis sur la nécessité de répondre aux besoins des salariés pour les motiver au travail. **Abraham Maslow** tente de hiérarchiser ces besoins – c'est la célèbre « pyramide » – et l'un de ses élèves, Frank Herzberg, en 1959, précisera les facteurs de satisfaction au travail. Il mettra en particulier en avant la reconnaissance, le respect et l'estime portés aux salariés.

Ces travaux sont notamment prolongés par **McGregor**, vers 1960, qui questionne les responsables sur la vision qu'ils ont de leurs subordonnés. À l'instar de Pygmalion, le regard porté sur les individus façonne leur comportement.

Développer une vision positive de ses collaborateurs contribue à accroître leur motivation.

Dans les années 1970, **Blake et Mouton**[2] insistent sur la nécessité de centrer le management sur l'humain, mais aussi sur les résultats, et préconisent ainsi un comportement optimal du manager.

---

1. Extrait de *Agir en coach : les bonnes pratiques professionnelles*, par la Fédération francophone de coachs professionnels, ESF, 2007.
2. Robert R. Blake et Jane S. Mouton, *Les Deux Dimensions du management*, Éditions d'Organisation, 1969.

Dix ans plus tard, **Hersey et Blanchard**[1] font valoir que tout ne dépend pas du style du manager… mais aussi des compétences et de la motivation de ses collaborateurs. C'est une autre approche de la relation, toujours d'actualité : le manager adapte ses pratiques à la situation et au degré d'autonomie de ses collaborateurs.

Le management par objectifs, formalisé par **Peter Drücker** dans les années 1950 aux USA, reste très largement pratiqué dans les entreprises : si les objectifs généraux sont fixés par la direction générale, les salariés participent à la définition de leurs propres objectifs… Ils sont ainsi « responsabilisés » puis évalués sur la réalisation de ces objectifs.

D'un autre point de vue, s'intéressant au fonctionnement des organisations, le sociologue **Michel Crozier** met l'accent sur les relations de pouvoir et les intentions des « acteurs » de l'entreprise. Ceux-ci cherchent à satisfaire leurs enjeux et développent des stratégies adaptées en prenant appui sur leurs marges de liberté.

Cette tendance souffre bien sûr quelques exceptions ; les styles autocratique et paternaliste et la vision instrumentalisée de la personne au travail ont encore la vie dure ! Elle est cependant bien réelle et se manifeste de deux façons :

- en tout premier lieu, les managers font appel à des coachs pour mieux « se gouverner eux-mêmes », maîtriser leur comportement, décider de leurs actions plutôt que d'être soumis à leurs réactions, développer leur potentiel dans des contextes de plus en plus exigeants, tout en satisfaisant un besoin de croissance et d'évolution personnelle ;

- ils répondent également, et c'est souvent la raison de leur demande de coaching, aux besoins de leurs équipes : les salariés acceptent de moins en moins les formes de management directives, ou même participatives, qui ne leur permettent pas de renforcer leur professionnalisme et leur sens de l'initiative. Au contraire, ils apprécient les comportements inspirés du coaching qui consistent à les accompagner dans la recherche de réponses aux questions qu'ils se posent à partir de leurs ressources propres.

Cette approche positive des relations de travail s'inscrit dans la même philosophie que celle de l'*Appreciative Inquiry*.

---

1. Dominique Tissier, *Management Situationnel*, Insep, 1997.

La nouvelle efficacité : passé + présent + futur

Être positif aujourd'hui dans la conduite de changements, c'est :

- retenir du passé ce qui a permis à l'organisation de croître et de se développer, le respecter et le valoriser ;
- apprécier ce qui aujourd'hui lui donne énergie et vitalité, continuer à le reconnaître et le faire vivre ;
- mobiliser l'expérience, le professionnalisme et la créativité de tous les acteurs de l'organisation pour construire un futur motivant.

L'origine de l'*Appreciative Inquiry*

En 1980, David Cooperrider, alors étudiant thésard à la Case Western Reserve University (Cleveland), entreprend un diagnostic conventionnel de l'organisation de la clinique de Cleveland. Après avoir recueilli les témoignages des médecins sur leurs succès et leurs échecs, il est frappé par le niveau de coopération entre les personnes, les innovations et le management démocratique de l'organisation quand celle-ci est la plus efficace. Il décide alors, soutenu par son professeur, Suresh Srivastva, de centrer ses recherches sur les facteurs qui contribuent au fonctionnement optimal de l'organisation.

Le terme *Appreciative Inquiry* est alors créé pour désigner cette forme d'investigation. Le rapport de Cooperrider fit sensation à un point tel que le conseil d'administration demanda que cette méthode soit employée pour accompagner les 8 000 personnes de l'organisation dans les projets de changement.

Jusqu'au début des années 1990, le travail de recherche et théorisation se poursuit et l'*Appreciative Inquiry* reste cantonnée à la sphère universitaire. Ce n'est qu'en 1990, avec la fondation du Taos Institute, que l'*Appreciative Inquiry* commença à être enseignée dans les organisations aux consultants, éducateurs, thérapeutes…

À cette époque également fut lancée la *Global Excellence in Management Initiative* par l'US Agency for International Development dont l'objet était de promouvoir le développement et l'excellence dans les organisations aux États-Unis et ailleurs, de créer de nouvelles formes de coopération, de soutenir les apprentissages constants et les innovations dans les organisations. Cette initiative a encouragé différentes formes d'utilisation de l'*Appreciative Inquiry*, notamment dans le domaine du développement international, débouchant sur la création d'importants groupes d'utilisateurs de la méthode en Afrique, Asie et Amérique latine.

En 1992, l'opération «*Imagine Chicago*» fut lancée avec une idée novatrice : des enfants conduisirent des centaines d'entretiens «appréciatifs» auprès d'adultes et de personnes âgées. Le succès du projet suscita de nombreuses initiatives du même type aux États-Unis, en Inde et en Australie.

À partir du milieu des années 1990, les initiatives pour utiliser l'*Appreciative Inquiry* se multiplièrent. Citons :

- en 1995, la conférence internationale de Cambridge en Angleterre réunissait des entreprises, ONG, gouvernements et fondations européennes, africaines et américaines dans le but de se servir de l'*Appreciative Inquiry* pour bâtir des partenariats de développement ;

- en 1996, le projet Avon pour promouvoir l'équité entre les hommes et les femmes au travail (récompensé par la Catalyst Fondation de New York) ; en 1996 également, le mouvement United Religions Initiative décida d'utiliser l'*Appreciative Inquiry* pour aider les différentes religions à se coordonner afin de soutenir la paix dans le monde. David Cooperrider travaillera aussi plus tard, en 1999, avec le dalaï-lama pour créer, en faveur de la paix, de nouveaux niveaux de coopération entre les leaders religieux du monde ;

- de nombreuses interventions en entreprise permirent, par la suite, de vérifier dans le monde entier l'impact de l'approche sur le développement des organisations. Elles sont évoquées dans de nombreuses publications – livres et articles –, dans des conférences annuelles et sur plusieurs sites Internet (cf. la bibliographie) ;

- à partir de 2004, nous avons conduit de nombreuses missions en France et en Europe pour des entreprises de tailles diverses et dans des secteurs variés (industrie, services, télévision, PME, collectivités, etc.) et l'attrait pour l'approche ne cesse de croître. C'est la raison pour laquelle notre institut a développé son activité de formation dans le monde francophone et formé en 2014 plus de 200 personnes en tant que praticiens et 50 personnes pour l'obtention de l'«Appreciative Inquiry Certificate in Positive Business and Society Change» en partenariat avec la Weatherhead School of Management de la Case Western Reserve University de Cleveland représentée par Ron Fry et David Cooperrider. Nombre de ces praticiens en *Appreciative Inquiry* ont, à leur tour, conduit des missions sur la base de cette méthode ; plusieurs seront présentées, à titre d'exemple, au chapitre 4.

Cet attrait est mondial : le cinquième « World Appreciative Inquiry Congress » qui s'est tenu à Gand, en Belgique, en avril 2012 a réuni plus de 700 personnes.

Dans les chapitres qui suivent, je vous propose d'aborder ce qui fonde cette approche et d'entrer plus précisément dans la compréhension de ce modèle qui révolutionne littéralement les points de vue sur le développement des organisations.

Petit à petit, à l'aide de nombreux exemples concrets, vous pourrez vous approprier cette façon de penser et les outils qui permettent de la mettre en œuvre de façon à pouvoir l'utiliser, partiellement ou en totalité, dans vos propres projets.

CHAPITRE 2

Les fondamentaux de l'*Appreciative Inquiry*

«Aucun problème ne peut être résolu en restant sur le même niveau de conscience que celui qui l'a créé. Nous devons apprendre à voir le monde d'un autre point de vue.»

Albert Einstein

«Il y a seulement deux manières de vivre votre vie. L'une est de faire comme si rien n'est un miracle, l'autre comme si tout est un miracle.»

Martin Luther King

Qu'est-ce que l'*Appreciative Inquiry*?

L'*Appreciative Inquiry* est une méthode de développement des organisations et des équipes qui consiste à rechercher les ressources, les réussites, les expériences positives chez chacun, dans l'entreprise et son environnement. Elle repose en tout premier lieu sur l'art de poser des questions inconditionnellement positives lors d'interviews de «découverte» réalisées en duos.

Celles-ci induisent une prise de conscience des réalisations de la personne ou de l'entreprise et des talents déployés. Cette prise de conscience ne va pas de soi: nombre de mes clients m'ont, par exemple, exprimé leurs doutes sur le travail qu'ils avaient accompli, mais un rapide examen de leur agenda des derniers mois les a souvent détrompés. Les questions positives engendrent des émotions positives, de la confiance et stimulent le système qui peut ainsi développer son potentiel.

L'*Appreciative Inquiry* remplace les diagnostics, les critiques et les points de vue négatifs par une focalisation sur l'énergie qui donne vie à l'organisation, l'objectif étant avant tout d'identifier les facteurs de réussite de l'équipe, du département, de l'entreprise ou de l'institution concernée. C'est à partir de cette découverte, qui prend en compte des éléments non quantitatifs – par exemple, la satisfaction d'un client – que des changements solides et positifs peuvent être envisagés de façon réaliste.

L'*Appreciative Inquiry* relie le «terrain» et le «sommet»: les orientations décidées par les dirigeants sont approfondies et explicitées en amont de toute intervention et elles sont en cohérence avec les aspirations des salariés.

La méthode requiert une forte participation de tous au travers d'interviews à deux, d'échanges en petits groupes, ou de communications publiques. Elle nourrit un «dialogue interne», positif, au sein de l'organisation qui crée de nouvelles habitudes mentales et un nouvel état d'esprit qui stimulent l'innovation et la créativité.

Apprécier et explorer

On peut retenir, pour l'expression *Appreciative Inquiry*, les sens suivants[1]:

Ap-pre-ci-ate	*In-quire*
• Apprécier, valoriser, estimer ou admirer hautement. • Accorder de la valeur. • Comprendre, reconnaître ce qu'il y a de meilleur autour de nous. • Affirmer les forces, les réussites et les potentiels. • Percevoir ce qui donne vie (santé, vitalité, excellence…).	• Explorer, parcourir, découvrir. • Étudier, approfondir. • Rechercher, chercher. • Poser des questions…

Chacun de ces deux aspects a pu être développé séparément par d'autres approches; l'originalité de l'*Appreciative Inquiry* est de les combiner. Cette combinaison agit comme un catalyseur pour ses utilisateurs et accélère les changements positifs.

On peut comprendre ce phénomène car l'*Appreciative Inquiry* mobilise deux de nos aspirations psychologiques fondamentales: aimer/estimer, d'une part, et explorer/découvrir, d'autre part.

---

1. D'après Cooperrider, Whitney, Stravos, *op. cit.*

Le cycle des 5 D

L'AI utilise cinq processus qui constituent la trame de toute intervention, même si l'on fait preuve de la plus grande souplesse dans leur mise en œuvre.

Ces cinq processus sont[1] :

1. le choix d'une orientation positive pour commencer la démarche ;

2. la recherche d'expériences, d'histoires vécues et de réussites pour identifier ce qui donne vie à l'organisation ;

3. l'identification de thèmes qui apparaissent dans le recueil des expériences et réussites, et le choix de sujets pour une investigation ultérieure ;

4. la construction d'une vision partagée du futur ;

5. la recherche d'actions innovantes pour réaliser le rêve commun.

Il y a bien sûr recoupement et perméabilité entre ces différents processus, l'essentiel étant de se référer à l'objectif, qui est de permettre à l'organisation de se tourner vers l'identification de son potentiel et de mobiliser les énergies à partir de cela.

Ces processus ont été schématisés de façon plus pédagogique dans le modèle des 5 D.

Le modèle des 5 D

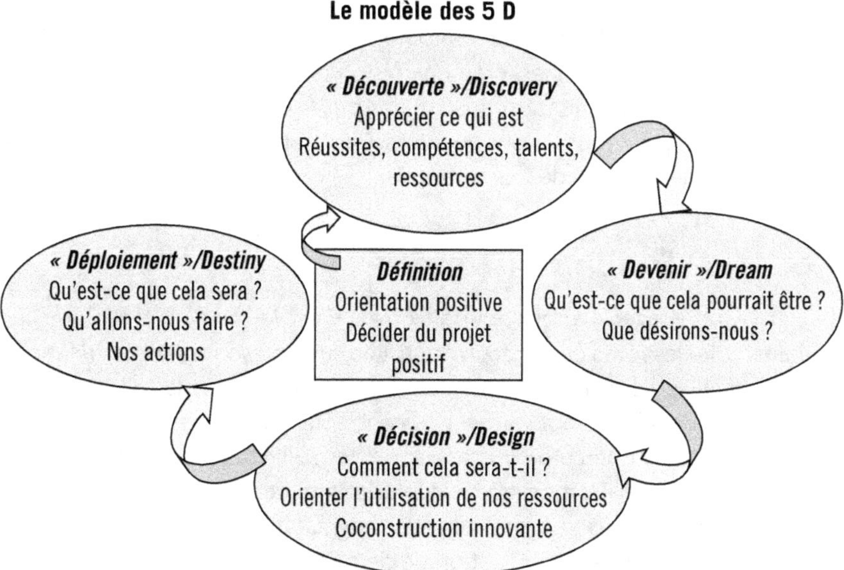

---

1. D'après Jane Magruder Watkins & Bernard J. Mohr, *Appreciative Inquiry*, Jossey-Bass, 2001.

La phase « Définition » d'une orientation positive (affirmative topic choice)

Au centre du schéma figure ce par quoi débute le cycle des 5 D : l'identification soigneuse de ce qui doit être recherché. La mise en mouvement d'un système et la direction que prendra ce mouvement dépendent fortement du sujet sur lequel les personnes focalisent leur attention : la définition de l'orientation positive clairement affirmée est donc un acte primordial.

Il s'agit ainsi de sujets importants et stratégiques pour l'organisation, un département ou une équipe. Nous détaillerons plus loin (p. 76-80) comment choisir une orientation positive et nous en présenterons quelques exemples.

La phase « Découverte » (Discovery)

Le but principal de cette phase est de découvrir ce qu'il y a de « mieux » dans l'organisation et les expériences passées les plus positives. Elle est le plus souvent organisée sous la forme d'interviews mutuelles dans lesquelles les personnes sont invitées à ne pas évoquer les problèmes et les difficultés, mais à centrer leur attention sur ce qui leur a semblé, même modestement, réussi ou satisfaisant. C'est ainsi qu'il est possible de s'approcher du « noyau positif » de l'organisation, de ce qui lui donne vie et souffle, et assure sa réussite.

Cette phase, que je détaillerai plus loin (p. 80-89), débouche sur de riches échanges entre les personnes, crée une vision partagée des compétences et points d'appui de l'organisation, suscite des prises de conscience de la valeur collective ainsi que des émotions positives. C'est souvent pour les participants une véritable découverte de leur entreprise.

La phase « Devenir » (Dream)

Il s'agit là d'envisager « ce qui pourrait être ». C'est le moment d'explorer les souhaits, voire les rêves que chacun nourrit au sujet de son travail, les relations professionnelles, l'organisation, ou encore, plus globalement, la collectivité. La construction d'un futur motivant est au centre de cette phase qui repose à la fois sur le potentiel perçu de l'organisation, les sollicitations de son environnement et sur l'amplification de ce qui lui donne actuellement de l'énergie. Les images échangées sont donc à la fois pragmatiques, car issues de réalités concrètes, et inspirantes pour l'action de demain.

Préparée par les interviews à deux, cette phase, que je détaillerai plus loin (p. 89-94), débouche sur des échanges en grands groupes qui permettent une vision partagée du *devenir* de l'organisation.

La phase « Décision » (*Design*)

Cette phase de conception permet de décider « comment sera le changement ou l'organisation de demain », elle débouche donc sur une « architecture sociale » du changement, et des propositions audacieuses, à fort impact, qui précisent la vision partagée dans la phase précédente. Il y est question, par exemple, du mode de leadership, des communications internes, de répartition des fonctions, de développement des compétences...

Ce travail est réalisé en groupes et il implique la totalité des participants pour le choix des propositions qui seront retenues et précisées ultérieurement ; c'est la raison pour laquelle je considère qu'il s'agit d'une phase de décision. Elle sera traitée plus loin (p. 95-102) de façon détaillée.

La phase « Déploiement » (*Destiny*)

Parfois nommée *Delivery,* elle consiste à planifier et à mettre en place des actions qui feront vivre la vision partagée et les propositions élaborées. L'engagement personnel des participants est requis pour l'action et l'innovation : il ne s'agit pas tant de réaliser un plan d'actions que de poursuivre la dynamique engagée et de faire évoluer le système en lui faisant réaliser des apprentissages continus.

De même, par exemple, de nouvelles pratiques de réactivité vis-à-vis des clients (répondre plus rapidement à une demande, assurer un service après-vente plus efficace) vont-elles être testées, alors que les conséquences en termes de développement des compétences du personnel (tutorat, formation) seront envisagées.

Dans cette phase, le dialogue se poursuit, de nouveaux acteurs sont consultés pour participer aux actions, de nouvelles idées apparaissent et parfois un nouveau cycle des 5 D s'engage... C'est en ce sens que nous parlons de déploiement : réalisation d'avancées dans l'action, extension de la démarche. Cette phase sera détaillée plus loin (p. 103-107).

Le modèle des 4 I

Ce modèle, créé par Mohr et Jacobsgaard[1], inclut les cinq processus «génériques» de l'AI et vise à correspondre à certaines situations dans lesquelles ses concepteurs souhaitent répondre à deux questions :

1. informer au mieux leurs clients sur la phase de lancement de la démarche (appelée ici *initiate*), les moyens à mettre en œuvre et l'importance du choix des sujets à traiter ;

2. mettre l'accent sur le passage décisif entre la vision de devenir, les propositions nouvelles et les modifications concrètes de l'organisation.

L'idée d'«initier» un changement, ainsi que le souhait de certains clients de se représenter schématiquement tous les processus, les a également inspirés (voir schéma).

Initier
- Informer les principaux acteurs sur l'AI
- Créer un groupe de sponsors et un comité de pilotage qui sera formé à l'AI
- Définir l'orientation du projet
- Déterminer le mode d'intervention (participants, organisation)

Innover
- Impliquer le maximum d'acteurs dans des échanges pour permettre l'exploration de nouvelles actions, de nouveaux rôles et susciter l'engagement
- Concrétiser les changements décidés
- Suivre les avancées et les progrès selon l'approche AI

Investiguer
- Conduire des entretiens génériques (comité de pilotage ou plus)
- Créer un guide d'entretien et un protocole d'interview (comité de pilotage)
- Interviewer le plus grand nombre possible de personnes

Imaginer
- Collecter les données issues des entretiens et les regrouper par thèmes
- Élaborer des propositions à fort impact pour le futur
- Valider ces propositions avec le plus grand nombre possible de personnes

---

1. Cf. Jane Magruder Watkins & Bernard J. Mohr, *op. cit.*

Avec qui, pourquoi, quand et où ?

À qui s'adresse l'*Appreciative Inquiry* ?

Ce sont, bien sûr, d'abord les pilotes du changement dans les organisations – dirigeants, responsables –, accompagnés de leurs conseils, qui ont intérêt à utiliser cette méthode ; cependant, plus grand est le nombre de personnes impliquées dans le processus, plus riches seront les découvertes et l'efficacité du changement.

Comme nous l'avons déjà évoqué, une des particularités de cette approche est son caractère participatif, qui requiert à la fois l'engagement des responsables de l'organisation et celui des opérationnels.

Quelles sont les applications du coaching collectif avec l'AI ?

Elles sont nombreuses. En voici quelques-unes :

Bilan de situation

Une entreprise souhaite faire le point sur le fonctionnement d'un service après un ou deux ans d'existence...

Une réorganisation a été décidée, l'entreprise souhaite faire le point après un temps défini...

Convention

Pour la convention annuelle de ses cadres, une société veut créer un événement fédérateur et réfléchir sur ses perspectives en associant tous les responsables...

Conduite de changements

L'entreprise veut mettre en place une nouvelle organisation davantage centrée sur ses clients...

Une fusion est en cours, et les cultures des deux entreprises doivent se marier...

Cohésion d'équipe

Les membres d'une équipe récemment constituée ou agrandie doivent apprendre à mieux se connaître, à se donner des objectifs communs et à décider de leur mise en œuvre…

Des tensions règnent dans une équipe qui ne parvient plus à s'organiser ou à se donner des perspectives…

Développement du management et du leadership

Les managers de l'entreprise veulent pouvoir renforcer l'esprit d'initiative et l'autonomie de leurs équipes…

L'entreprise veut mettre en place un système innovant et dynamisant d'évaluation des performances…

Communication

Les dirigeants de l'entreprise ou certains responsables veulent préparer des communications motivantes auprès des équipes, sur la vie et le développement de l'entreprise…

L'*Appreciative Inquiry* a également été utilisée en pédagogie pour travailler sur différentes formes d'apprentissage ou encore pour soutenir des projets de développement de communautés dans différents pays du tiers-monde…

L'*Appreciative Inquiry* peut être mise en œuvre à l'occasion de circonstances marquantes, d'événements, mais aussi au fil de l'eau. Des consultants utilisant cette approche ont pu ainsi proposer, par exemple, une méthode d'évaluation des performances semestrielles et annuelles plus motivante pour les cadres et les membres de leurs équipes.

Il faut également souligner que l'*Appreciative Inquiry* ne se cantonne pas à l'intérieur de l'entreprise, elle peut constituer une base d'investigation auprès des clients ou des publics extérieurs concernés par son activité.

Quelles sont les formes d'intervention ?

Bien que la méthode comprenne plusieurs étapes, comme nous le verrons plus loin, les formes d'intervention sont variées, et une large place est laissée à l'adaptation à la situation particulière de l'entreprise et à l'innovation[1] :

---

1. D'après Diana Whitney & Amanda Trosten-Bloom, *The Power of Appreciative Inquiry*, BK, 2003.

Convention, réunion des cadres, sommet...

Un groupe important de personnes est réuni dans un lieu unique pour une durée variant de deux à quatre jours...

Conduite d'un projet de changement d'une partie de l'entreprise

Tout le département ou une grande partie de ses membres participent à différentes réunions de deux à trois heures réparties sur plusieurs semaines ou plusieurs mois...

Intervention auprès de toute l'organisation

Tous les membres de l'organisation et des partenaires extérieurs participent au projet qui peut se dérouler en plusieurs lieux et sur une période de temps étendue...

Intervention auprès d'un large public

Des centaines ou des milliers d'entretiens sont conduits dans une communauté, une ville, voire dans différents pays...

Enquête interne par un petit groupe

Un petit groupe interne à l'organisation définit les sujets d'investigation, bâtit un questionnaire et conduit les interviews pour définir le «noyau positif» de l'organisation...

Expérimentation

Un petit groupe de personnes utilise le processus des 5 D de l'AI pour tester une approche particulière: analyse d'un marché, nouvelle relation avec les clients...

Qui a des réponses? Nous avons des questions...

La question, d'abord

Questionner... avant d'avancer une solution

On observe bien souvent, dans les entreprises, ou ailleurs, une tendance à avancer des solutions avant d'avoir exploré la situation, si ce n'est de façon exhaustive (c'est parfois impossible), du moins avec méthode.

Considérons, par exemple, le cas de ce jeune directeur...

De bonnes raisons pour changer

Une importante entreprise audiovisuelle européenne dispose d'un centre de formation qui vend ses prestations à des clients extérieurs. Il s'agit de stages de production, de prises de vues, d'ingénierie du son ou de techniques numériques et multimédias. De nombreux stages sont ainsi organisés chaque année dans le centre; ils sont animés par une trentaine de professionnels/ formateurs de l'audiovisuel.

Un jeune directeur, ouvert et actif, est nommé au départ en retraite du titulaire du poste. Il met en place un management participatif qui donne de bons résultats: les personnes se sentent davantage considérées qu'auparavant et ont le sentiment d'être impliquées dans les choix effectués. Ce management passe par le respect de la fonction d'animation des responsables d'unités de formation qui participent à une réunion hebdomadaire et informent les équipes des questions à l'ordre du jour.

Après quelques mois, le nouveau directeur s'aperçoit que ses formateurs utilisent des matériels dédiés à la formation et qui appartiennent en propre au centre. Il fait également le constat que la maintenance et le fonctionnement de ces matériels coûtent cher, mobilisent un personnel non pédagogique, et donc dispersent l'activité de l'encadrement.

Il remarque en outre, après discussion avec son collègue, le directeur technique, que celui-ci dispose de matériels de production professionnels non utilisés qu'il mettrait volontiers à disposition. L'entreprise fait certains investissements en double et pourrait économiser des postes de techniciens si un rapprochement était opéré entre la direction technique et le centre de formation. Le directeur technique serait d'accord pour reprendre à sa charge, selon des modalités à établir, la gestion des matériels et servir de prestataire interne au centre de formation.

Les deux responsables estiment que ce projet permettrait un gain en cohérence pour leurs activités, mais aussi des économies de fonctionnement.

Le directeur de la formation retourne vers son équipe de cadres et les persuade de l'intérêt du projet: ils n'auraient plus la charge de la gestion du personnel et des matériels. Le contrat interne passé avec la direction technique permettrait de clarifier les coûts imputables à l'utilisation des matériels et les formateurs pourraient se concentrer sur les dimensions pédagogiques.

Les responsables d'unités réunissent à leur tour les formateurs et les personnels techniques pour les informer du nouveau projet. L'accueil est plutôt froid. Après quelques jours, le climat se détériore, le projet fait l'objet d'un rejet général et le directeur reçoit la visite d'un délégué syndical.

L'idée de ce responsable est intéressante et elle présente plusieurs avantages:

- réaliser des économies;
- utiliser des équipements sous-employés;
- recentrer l'activité sur le cœur de métier du centre – la formation professionnelle;
- alléger le travail de ses chefs d'unités de formation.

Malheureusement, il a oublié d'approfondir certains points avant de proposer sa solution:

- Quels bénéfices les formateurs retiraient-ils à utiliser des équipements dédiés?
- Quel était l'historique des relations entre la direction de la formation et la direction technique? La confiance était-elle présente?
- Quel effet aurait, sur l'ensemble de l'entreprise, la diminution du périmètre de la direction de la formation au profit de la direction technique? Celle-ci ne serait-elle pas assimilée à une perte de pouvoir, et donc d'influence dans l'entreprise?

Le projet ne prenait pas en compte la réponse à ces questions, et il fut impossible de le mettre en œuvre... Erreur de jeunesse de la part de ce directeur, pensez-vous?

Chercher l'information là où elle est, en questionnant le «centre opérationnel» de l'entreprise, est un préalable indispensable à la construction d'un projet de changement susceptible de recueillir l'adhésion.

Questionner, certes, mais positivement...

L'orientation des questions et de l'état d'esprit de ceux qui veulent mieux comprendre l'entreprise constitue une première intervention et produit un effet sur les personnes interrogées, comme nous le montrerons plus loin. C'est la raison pour laquelle le soin apporté aux questions utilisées dans les interviews est primordial.

Les questions fondamentales de l'*Appreciative Inquiry*

En général, l'*Appreciative Inquiry* propose quatre questions qui serviront à préciser le choix de l'orientation initiale et à construire le questionnaire, comprenant plusieurs thèmes, qui seront utilisés pendant la phase «Découverte». Ce sont ces questions qui sont adaptées au sujet à traiter (voir plus loin, p. 85-86).

Voici ces questions:

1. Pourriez-vous décrire une expérience, un moment, une situation de votre vie professionnelle dans laquelle vous vous êtes senti complètement engagé, plein de ressources ou de vie...?

La première de ces questions porte sur des situations professionnelles et vise au recueil d'expériences vécues: l'interviewé est invité à raconter son histoire, de façon précise et factuelle...

2. Sans modestie excessive, quelles sont vos réussites ou vos succès les plus remarquables, qu'est-ce que vous apportez de spécifique dans votre activité?

La seconde permet d'identifier les ressources des personnes, de les amener à en prendre conscience et de les retenir.

3. Qu'est-ce qui vous procure, dans votre activité (votre organisation), le maximum de plaisir, de satisfaction, qu'est-ce qui lui donne vraiment vie?

La troisième a pour but de centrer les personnes sur leurs motivations au travail, de réactiver celles-ci et de les prendre en compte dans la conduite du changement.

4. Quels sont les trois souhaits que vous formuleriez pour renforcer la vitalité et la bonne santé de votre activité (organisation)?

Enfin, la dernière question invite chacun à se projeter dans l'avenir, évoquant les souhaits pour demain plutôt que ce qui manque ou ne fonctionne pas maintenant. Cela revient bien sûr à traiter ce qui semble «négatif», mais dans une tout autre perspective et à un moment choisi...

La conduite «triphasée» du changement

Conduire un changement revient souvent à présenter les bénéfices attendus avec conviction et tenter de persuader tout un chacun d'y adhérer. On assiste parfois à des séminaires où les consultants animateurs mettent en place un dispositif – des travaux dirigés en ateliers, par exemple – pour inciter les participants à parvenir aux mêmes conclusions que leurs dirigeants.

Cela peut se comprendre : des constats peuvent s'imposer à tous et les décisions qui en sont la conséquence, également. On se trouve alors devant une intervention qui prend la forme d'une pédagogie active. Cependant, il n'est pas certain que les mesures proposées, par exemple, soient, dans un tel cas, pleinement acceptées et mises en œuvre. En outre, l'insistance sur les bénéfices liés au changement dévalorise indirectement – par omission – les réalisations présentes ou passées.

On stigmatise alors la «résistance au changement» qui devient une réalité, un fait incontournable, une caractéristique de la «nature humaine» alors qu'il ne s'agit que d'un processus défensif face à la menace ou à la véracité de transformations non souhaitable. La résistance au changement s'exprime sous forme de refus, de contestation, d'inertie ou d'attentisme. Elle est parfois un bienfait devant des propositions non respectueuses du passé ou du présent de l'entreprise et dont les bénéfices à venir ne sont pas clairs.

Pourquoi voir dans cette idée un «fait de nature» alors que l'on peut aisément constater de nombreux et progressifs changements dans les pratiques professionnelles des entreprises et des organisations sans qu'aucun responsable ne l'ait engagé explicitement parfois.

Le concept de «résistance au changement» ainsi émis ne reflète-t-il pas aussi souvent la difficulté des porteurs de projets à conduire les évolutions en intégrant la valeur du passé et du présent ?

Avec l'*Appreciative Inquiry*, la conduite de changement conjugue la continuité, la transition, la nouveauté :

- la continuité. Respecter le principe de continuité consiste à apprécier et reconnaître l'existant en introduisant le minimum de perturbations dans le système dont on préserve l'«écologie interne». Il s'agit également de prendre en compte les valeurs clés de l'entreprise, celles qui ont fait son professionnalisme et son succès ;

- la transition. Gérer efficacement les transitions suppose un suivi quotidien des actions conduites, ainsi qu'une valorisation des avancées à partir d'indicateurs précis, connus en amont ;

- la nouveauté. Stimuler la curiosité, innover et découvrir, se projeter dans le futur, en percevoir l'attrait et les bénéfices à venir constituent les moteurs du changement…

Rien moins qu'un changement de paradigme

De la résolution du problème à l'*Appreciative Inquiry*[1]

Le tableau suivant permet de mettre en parallèle l'approche traditionnelle du changement par la résolution de problèmes et l'*Appreciative Inquiry*, qui propose un véritable renversement des habitudes mentales.

C'est la raison pour laquelle nous évoquons un changement de paradigme. Le sens de ce mot emprunté à la linguistique se laisse découvrir avec le piège contenu dans l'énigme suivante.

Une énigme...

Un chirurgien part en voiture avec son fils pour un petit voyage, mais, malheureusement, ils sont victimes d'un accident. Les secours arrivent et ils sont rapidement conduits à l'hôpital. À leur arrivée, le père, légèrement contusionné, est conduit dans une chambre pour observation. Le fils, en revanche, plus sérieusement touché, est immédiatement transporté dans le bloc opératoire. Arrive alors le chirurgien qui déclare : «Je ne peux pas l'opérer, c'est mon fils!» Quelle est la solution de cette énigme?

Vous avez trouvé? Si oui, vous comprenez qu'un paradigme est un ensemble de notions, croyances ou d'informations qui sont reliées entre elles pour donner une certaine vision du monde...

Dans l'approche par la résolution de problème, l'organisation est considérée comme un organisme qui présenterait des défaillances, des faiblesses qu'il faudrait corriger ou soigner. Avec l'*Appreciative Inquiry*, l'organisation suscite la curiosité, elle représente un mystère à découvrir. «Qu'est-ce qui donne vie à cette entreprise?» est la question clé.

Paradigme 1 Résolution de problèmes	Paradigme 2 *Appreciative Inquiry*
«Besoin ressenti» : identification du problème	Apprécier : «Ce qui est»
Analyse des causes	Imaginer : «Ce qui pourrait être»
Hypothèses de solutions	Échanger : «Comment cela pourrait être»
Plan d'action	Innover : «Ce qui sera»

---

1. D'après D. Cooperrider.

L'approche traditionnelle continue bien sûr à rendre de grands services, elle présente cependant quelques inconvénients majeurs. En général, on sait trouver comment se manifeste la difficulté : «le patient sait où il a mal»… mais pas toujours : un de mes clients pensait souffrir d'un manque chronique d'argent pour satisfaire ses désirs de consommation alors que son véritable désir était celui d'une relation stable qu'il masquait en se procurant des plaisirs matériels.

Cependant, l'analyse des causes est un exercice difficile… La pratique montre en effet que remonter l'enchaînement des effets aux causes ne garantit pas la véracité du résultat. Lorsqu'on a identifié ce que l'on pense être les principales causes des problèmes, on propose des solutions qui sont, elles aussi, des hypothèses…

Enfin, certains de mes clients, qui savent de quoi ils parlent, s'amusent à l'idée d'un concours des plans d'actions non réalisés…

En revanche, l'*Appreciative Inquiry* prend appui sur ce qui est réel pour construire les changements, pour les fonder sur des résultats effectifs (à ce sujet, les Américains emploient le mot *grounded* que l'on pourrait traduire par «enraciné dans le sol»).

L'*Appreciative Inquiry* n'est bien sûr pas la seule à s'être posée la question de la place du problème dans notre vie ; voici un *kôan* zen à ce sujet[1]…

Yue-chan résout le problème d'un moine

Après avoir parlé aux moines un matin, Yue-chan fut approché par un disciple, qui lui dit :

– J'ai un problème. Voudriez-vous le résoudre pour moi ?

– Je le résoudrai à la prochaine réunion, répondit Yue-chan.

Le soir, alors que tous les moines s'étaient rassemblés dans la grande salle, Yue-chan éleva tout à coup la voix :

– Que le moine qui m'a dit avoir un problème ce matin vienne immédiatement.

Dès que le moine en question eut fait quelques pas pour se présenter devant les autres, le maître quitta son siège et le saisit brutalement.

– Regardez donc, moines, dit-il, cet individu a un problème.

Il poussa alors le moine avec rudesse et retourna dans sa chambre sans donner son sermon du soir.

---

1. *Cent Kôans zen*, commentés par Nyogen Senzaki, Albin Michel, 2005. Un *kôan* est une courte phrase ou une anecdote énigmatique, absurde ou paradoxale.

Les ressorts du changement

On peut considérer que deux pulsions opposées induisent les changements et les évolutions : d'une part, l'évitement fondé sur la peur de ce qui nous paraît désagréable ; d'autre part, l'attrait de ce qui nous paraît désirable.

Tout comme le coaching, à l'inverse des approches fondées sur le déficit, l'*Appreciative Inquiry* ne s'appuie pas sur la peur qui limite la créativité, mais bien sûr la vision positive d'un futur attirant. C'est plus agréable et plus puissant !

> *« Il se souvint des paroles de la Litanie contre la peur du rituel Bene Gesserit, telles que sa mère les lui avait enseignées. Je ne connaîtrai pas la peur, car la peur tue l'esprit. La peur est une petite mort qui conduit à l'oblitération totale… »*
>
> Frank Herbert

Le pouvoir des images mentales[1]

En introduction

John Grinder et Richard Bandler[2], à la suite de l'école de communication de Palo Alto, ont montré que le cerveau ne connaît pas la négation ou, du moins, l'absence de représentation : essayez donc de ne pas penser à une pomme ! Il est bien sûr impossible de nier une image sans se l'être auparavant représentée.

C'est sur cette prégnance de l'image mentale que se fonde l'AI. Si la force des représentations a été évoquée à de nombreuses reprises ces dernières années, un exemple spectaculaire est celui donné par R. Srinivasan[3], disciple d'un maître indien, Swami Prajnanpad.

---

1. Inspiré de David Cooperrider, « Positive Image, Positive Action: the Affirmative Basis of Organization », in *Appreciative Inquiry. An Emerging Direction for Organization Development*, David L. Cooperrider, Peter F. Sorensen Jr., Therese F. Yaeger et Diana Whitney (editors), Stipes Publishing L.L.C., 2001.
2. John Grinder et Richard Bandler, *The Structure of Magic*, Palo Alto, Science and Behavior Books, 1975.
3. Rajeev Srinivasan, *Entretiens avec Swami Prajnanpad*, Éditions Accarias L'Originel, 1984. Voir aussi : André Comte-Sponville, *De l'autre côté du désespoir. Introduction à la pensée de Svâmi Prajnanpad*, Éditions Accarias L'Originel, 1997.

L'exemple de Rajeev Srinivasan

Rajeev Srinivasan souffrait de très pénibles crises d'asthme, chaque année, à la saison des pluies. Il s'en ouvrit à Swami Prajnanpad, lui faisant part de son désarroi et de l'impuissance de la médecine à le soulager. Le maître lui demanda depuis combien de temps il souffrait de ces crises, et il apparut que ce n'était que depuis sept ou huit ans. Le disciple, après une nouvelle question, réalisa qu'il n'avait aucune certitude que les crises se reproduiraient toujours, et cette année en particulier, même si cela lui semblait théoriquement possible. Cependant, tout en admettant donc que l'asthme pouvait disparaître, il était persuadé qu'il avait toutes les chances de revenir « puisqu'il revient année après année ». La réponse de Swami Prajnanpad fut celle-ci : « Alors, c'est vous qui l'invitez ! Pourquoi l'invitez-vous ? Voulez-vous avoir de l'asthme ? »

Bien évidemment, Rajeev Srinivasan n'avait aucune envie d'avoir de l'asthme, mais il avoua sa peur de le voir revenir. Swami Prajnanpad précisa alors : « La peur n'est qu'une forme du désir, c'est la forme négative du désir. Si vous craignez qu'il vienne, cela montre que vous voulez qu'il vienne. Alors, pourquoi ne viendrait-il pas ? »

Rajeev Srinivasan reconnut alors qu'il avait bien eu de l'asthme dans le passé, mais qu'il ne savait rien du futur. En outre, il réalisa que le fait d'utiliser le temps présent pour évoquer l'asthme – « j'ai des crises d'asthme » – posait comme réalité intangible ce qui n'était qu'éphémère. Il convint donc de l'importance de corriger sa grammaire et de ne pas craindre le retour des crises, pensant à l'asthme comme à une chose du passé. Cette année-là, pas plus que les suivantes, Rajeev Srinivasan ne connut de nouvelle crise d'asthme.

Tout se passe donc comme si, souvent, nos représentations mentales précédaient et suscitaient l'émergence de certaines réalités... et déterminaient à tort nos actions. Ce que Swami Prajnanpad tenait de sa propre expérience psychique a été largement étudié par les psychologues par la suite.

La force de l'effet placebo

Il est maintenant admis, après bien des controverses, que la croyance en l'efficacité d'un traitement améliore les symptômes chez un à deux tiers des patients, même si la substance administrée est parfaitement neutre. Le phénomène est si connu maintenant qu'il est pris en compte dans l'élaboration de différents médicaments par les laboratoires pharmaceutiques. L'effet placebo a été avéré à propos de nombreuses pathologies : des maux de tête aux ulcères, des angines à l'asthme et bien d'autres encore. Cela montre que, dans une certaine mesure, la croyance en un soulagement, la confiance et l'optimisme ont un pouvoir curatif aussi réel que celui des médicaments conventionnels.

Plus troublant encore, le placebo peut se révéler parfois plus puissant que l'effet d'un médicament[1], comme l'ont montré, en 1987, Robert Ornstein et David Sobel.

L'exemple de Robert Ornstein et David Sobel

Une femme souffrait de fortes nausées et de vomissements, et aucun traitement ne semblait avoir raison de ses symptômes. Les mesures pratiquées sur ses contractions gastriques, fortement perturbées, se révélèrent en cohérence avec les nausées qu'elle ressentait. Les médecins décidèrent alors de lui proposer un nouveau médicament, présenté comme extraordinaire et extrêmement puissant, qui réglerait définitivement son problème de nausées. Vingt minutes plus tard, les nausées disparurent et les tests gastriques s'avérèrent normaux. Le médicament administré n'était bien sûr pas ce qu'il prétendait être, mais, bien au contraire, du sirop d'ipéca, connu pour ses propriétés vomitives!

L'effet placebo, associé à la suggestion, se révéla donc non seulement suffisamment puissant pour contrecarrer l'action du médicament, mais encore capable d'opérer un soulagement des symptômes! Cet effet n'a rien de mystique ni de surnaturel: plusieurs neurophysiologistes ont montré le lien biochimique entre le système nerveux central et le système endocrinien.

Si les croyances ont un tel pouvoir, quelle voie de recherche prometteuse...! On peut en effet penser que le développement d'images mentales positives est en mesure de contrarier l'effet d'éventuelles croyances ou images négatives et d'orienter les personnes vers plus de bien-être. Cooperrider souligne également un autre aspect qui favorise l'effet placebo: celui-ci est d'autant plus puissant que le groupe de médecins qui administre le médicament est lui-même convaincu de son efficacité.

Cela ouvre tout un champ de recherches sur l'impact individuel et collectif des images positives partagées.

---

1. Rapporté par David Cooperrider, «Positive Image, Positive Action: the Affirmative Basis of Organizing», *op. cit.*

Pygmalion à l'école...

> *« Si l'on traite un individu comme il est (ou tel qu'on le croit):*
> *il restera ce qu'il est. Si l'on traite cette personne comme si elle était déjà*
> *ce qu'elle pourrait être: alors elle a des chances de le devenir. »*
>
> Gandhi

La stupéfiante expérience de Robert Rosenthal[1] démontre, dès 1964, que non seulement il n'y a sans doute pas de vrais « cancres » dans les classes, mais surtout que le développement de l'enfant dépend en partie de l'image que l'on se fait de lui...

L'expérience de Robert Rosenthal

Rappelons cette expérience qui commence avec des rats de laboratoire! Un professeur américain de psychologie, Robert Rosenthal, réunit douze de ses étudiants, distribue à chacun cinq souris et leur demande de leur apprendre à évoluer dans un labyrinthe.

Jusque-là, rien que de classique; cependant, Rosenthal fit croire à six de ces étudiants que leurs souris avaient été sélectionnées pour leur sens de l'orientation élevé, tandis qu'il convainquit les autres de la nullité de leurs rongeurs!

Vous l'avez compris, il n'y avait bien sûr aucune différence significative entre ces aimables muridés. Il apparut pourtant, au terme du dressage, que les souris « sélectionnées » obtenaient de remarquables résultats pendant que leurs congénères dépréciées stagnaient.

Une telle expérience aboutirait-elle aux mêmes conclusions avec des humains? C'est la question que se posa Robert Rosenthal en 1968, qui, pour y répondre, se tourna alors vers un autre lieu d'apprentissage: l'école.

Son choix se porte sur une école élémentaire d'un quartier pauvre de San Francisco. Il s'y rend et prétend, avec son équipe, travailler à une étude financée par la National Science Fondation sur l'« éclosion tardive » des élèves.

Impressionnés, les enseignants sont invités à apporter leur concours: il s'agit de faire passer aux enfants, en fin d'année scolaire, un test d'un type nouveau, destiné à repérer ceux qui disposent d'un potentiel exceptionnel.

---

1. Robert Rosenthal et Lenore Jacobson, *Pygmalion in the Classroom*, Hoet, Rinehart & Winston, 1964.

Bien évidemment, le test n'a aucune valeur prédictive ; les enfants sont classés au hasard selon un potentiel supposé – élevé, moyen ou bas – et les résultats sont communiqués de façon fortuite aux enseignants, ainsi mis en condition. Un nouveau test est effectué quatre mois après, un autre en fin d'année scolaire, et un troisième après un an.

Comme prévu, les différences apparaissent rapidement, et les enfants se répartissent conformément à l'attente présupposée des enseignants manipulés.

Cette expérience eut un tel impact théorique et pratique qu'elle donna lieu à des centaines d'études qui ont validé le phénomène. Elle nous montre clairement combien le psychisme humain est en relation avec les projections mentales des autres, et ce de façon durable. Tout se passe comme si quelques minutes du regard d'un adulte exerçaient une influence sur une vie entière.

Quelles conséquences tirer de cette expérience (outre le fait qu'il n'est pas toujours prudent de se fier aveuglément aux évaluations des psychologues !)? On peut en déduire l'importance de développer des images positives concernant les autres et l'efficacité de croire ensemble en leur réussite. Nos capacités cognitives – la perception, la mémoire et l'apprentissage – étant fortement filtrées par nos projections, nos croyances et nos attentes, il est probable que si celles-ci sont positives, notre regard et nos comportements le seront également.

Le travail, en termes de conduite de changement individuel ou collectif, consiste donc à faire évoluer ces attentes et à oser le pari qu'un regard positif influencera positivement la réalité. Cela fut avéré quand des professeurs, porteurs d'une image très positive de leurs étudiants, leur assurèrent un meilleur soutien émotionnel que leurs collègues, des retours plus clairs et plus positifs sur leurs performances. Ils leur offrirent ainsi de meilleures chances de réaliser des apprentissages plus riches et plus complexes. En outre, ces résultats se révélèrent durables, les étudiants atteignant certains points de non-retour...

L'expérience de Rosenthal et celles qui ont suivi nous conduisent à la conclusion que la personne humaine se construit à partir de sa relation avec les autres, le moi étant une création symbolique sociale. Cela débouche sur la «plasticité» de l'être humain et sa capacité à évoluer ; des images interpersonnelles positives, dans l'entreprise comme à la maison, sont un moyen concret de contribuer à cette évolution.

Émotions positives, réussite et solidarité

Nombreuses sont maintenant les recherches qui ont établi un rapport entre les émotions négatives et le stress, les difficultés d'apprentissage ou de résolution de problèmes, le sentiment d'impuissance, la dépression, la baisse des défenses immunitaires et le développement de différentes formes de maladies.

Daniel Goleman[1] cite différentes études qui ont montré qu'une affectivité négative nuit à la pensée et à la réussite professionnelle. Ainsi, par exemple, 126 études réalisées avec 36 000 élèves ont prouvé que les plus anxieux ont un taux d'échec, à leurs examens partiels ou de fin d'études, plus élevé que les autres. Les personnes qui se font du souci ont tendance, alors même qu'elles sont en train d'exécuter une action, à se délivrer des messages d'échec du type : «Tu ne peux pas réussir... Tu n'y arriveras pas... C'est trop difficile pour toi...» Ces messages, associés à la peur, sont un véritable parasitage qui sabote la performance. Il est bien sûr possible d'agir pour aider les plus anxieux d'entre nous à se détendre, à identifier la source de ces messages, leur valeur et à leur substituer d'autres messages et émotions.

En sens inverse, on sait que les émotions positives engendrent espoir et optimisme qui contribuent, à capacités cognitives égales, à donner un avantage aux étudiants qui les éprouvent. C'est aussi le cas dans la vie professionnelle. Goleman rapporte que le docteur Martin Seligman a mis en évidence le rôle motivant de l'optimisme dans le cas du difficile métier de vendeur de polices d'assurances. Les vendeurs les plus optimistes, qui savaient accepter les refus avec le sourire et les surmonter, vendaient 37 % de polices de plus que leurs collègues pessimistes.

Quelle différence y a-t-il entre optimistes et pessimistes ? Il ne s'agit pas de nier de façon béate la parfois difficile réalité pour les optimistes, mais plutôt de considérer qu'un échec a une cause modifiable et que les choses peuvent changer par la suite. En revanche, face à l'échec, les pessimistes ont tendance à s'affliger d'une déficience non modifiable, ce qui ne leur permet pas d'agir de manière efficace. On peut se rappeler à ce sujet la phrase d'Anthony Robbins : «Il n'y a pas d'échec, il n'y a que des résultats [2]», ainsi que les propos de Swami Prajnanpad évoqués plus haut.

Un autre aspect des recherches sur ces sujets est le lien établi par David McClelland entre les images positives, les émotions positives et les défenses

---

1. Daniel Goleman, *L'Intelligence émotionnelle*, Robert Laffont, 1997.
2. Anthony Robbins, *L'Éveil de votre puissance intérieure*, Éditions du jour, 1993.

immunitaires. Dans une de ses expériences, il fit visionner un film sur Mère Teresa aidant des pauvres et des mourants à Calcutta. Pendant le film, des mesures prises sur les étudiants montrèrent une augmentation de l'immuno-globuline salivaire (permettant de lutter contre les infections respiratoires et les maladies virales) qui, pour certains, persista au-delà d'une heure.

Cela est confirmé par Jean Decety, chercheur et professeur franco-américain de psychiatrie et de psychologie à l'université de Chicago, qui, selon Angela Sirigu (Centre de neurosciences cognitives, Lyon), a été le premier, avec Marc Jannerod, «à montrer que l'imagination d'un mouvement et son exécution activent les mêmes circuits neuronaux». Il déclare ainsi : «Les neurosciences nous enseignent que le souci de l'autre est associé à l'activation des méca-nismes du plaisir dans le cerveau. C'est le fruit d'une chimie complexe, mobi-lisant la dopamine et l'ocytocine [...]. C'est un merveilleux message de la biologie : ce qui est bien pour les autres est bien pour moi aussi![1]»

Nous savons maintenant qu'assister ou participer à des actes altruistes, faire preuve d'empathie, sont des facteurs de bien-être et que, répétés, ils contri-buent à notre bonheur.

Ces attitudes et émotions positives détournent les personnes de préoccupa-tions trop strictement personnelles et égoïstes pour les conduire à une action plus déterminée, centrée sur leur contribution, solidaire et altruiste.

Un dialogue interne délibérément déséquilibré dans un sens positif

Regardez nos concitoyens marcher dans la rue... Que voyez-vous ? Bien sou-vent, des personnes qui regardent le sol, sans vraiment le voir ; et si vous leur prêtez un peu plus d'attention, vous observerez de légers mouvements des lèvres : ces personnes se parlent à elles-mêmes ! Mais de quoi se parlent-elles ? De leurs soucis, de leurs problèmes, de leurs échanges à venir avec d'autres, et peut-être de leurs souffrances. Le dialogue interne que nous formons condi-tionne en partie notre attitude et notre efficacité sociale. Nous l'avons déjà remarqué, l'orientation vers la critique et le déficit est de mise dans les organi-sations, et il faut reconnaître que cette attitude est répandue.

La fin des idéaux, les messages pessimistes délivrés par les médias, la valori-sation du cynisme, qui se pare à la fois des atours du réalisme et de la force, contribuent certainement à la dévitalisation de nombre de nos contemporains.

---

1. *Le Monde* du mercredi 19 février 2014.

Les organisations, tout comme les individus, connaissent un dialogue interne qui, s'il est négatif, et on le constate souvent quand on fréquente les entreprises, affaiblit chacun de leurs membres et assombrit les perspectives. Or, on a pu montrer que les groupes humains performants échangent deux fois plus de données positives que négatives. Leur dialogue interne favorise dans une forte mesure ce qui est positif.

L'AI organise donc délibérément un dialogue interne déséquilibré en faveur du positif dans les organisations, de façon à les connecter à leurs forces de vie et à les inciter à se construire un futur motivant.

Conscience de soi et développement des images positives

Exactement comme le font les grands sportifs, il nous est possible de développer des capacités cognitives tournées vers le succès : nous sommes capables d'analyser nos performances, nous pouvons faire le choix de stratégies de succès, nous avons les moyens de visualiser nos réussites.

Pour vérifier la force de la prise de conscience, je vous propose la petite expérience suivante : asseyez-vous sur une chaise, le dos droit sans raideur, les épaules détendues, les mains posées sur les cuisses en vous sentant suffisamment confortable. Maintenant, fermez les yeux et sentez votre inspiration, puis votre expiration pendant quelques minutes… avant de lire la suite.

Que s'est-il passé ? Sans doute avez-vous ressenti, très rapidement, une détente s'installer, votre respiration s'est calmée pour devenir plus lente et plus régulière… Pourtant, vous l'avais-je demandé ? Relisez la consigne, il vous était demandé de simplement prêter attention à votre respiration, et rien de plus. La conscience de l'agitation interne, la perception d'une respiration trop rapide vous ont naturellement conduit à rechercher un calme intérieur bien désirable !

La prise de conscience de notre fonctionnement, qu'il soit personnel ou collectif, rejoint notre « héliotropisme », c'est-à-dire notre tendance à nous diriger vers les images les plus positives, les lumineuses et prometteuses. Cela posé, une question vient immédiatement à l'esprit : voulons-nous développer notre conscience et notre capacité à construire des images positives pour notre futur et celui des organisations auxquelles nous participons ?

Le constructivisme ou constructionnisme social[1]

« L'humain n'est pas dans l'homme
mais dans ce que les hommes construisent entre eux. »
Paul Watzlavick[2]

Le processus de l'AI repose sur l'idée que l'organisation évolue par les échanges. Autrement dit, ce sont les interactions humaines qui créent l'organisation, et l'AI rejoint en cela le constructivisme social. Selon cette approche, un système social détermine ce qu'il est et crée sa propre réalité.

Dès les années 1970, le philosophe et thérapeute au Mental Research Institute de Palo Alto, Paul Watzlawick, montre, dans *La Réalité de la réalité* puis dans *L'Invention de la réalité*[3], qu'au-delà d'une indiscutable réalité de premier niveau observable avec la rigueur des méthodes scientifiques, il existe un autre niveau de réalité, d'un second ordre: une réalité issue des interactions humaines et donc conventionnelle. Selon Paul Watzlawick, nous construisons le monde alors que nous croyons le percevoir tel qu'il est. Ce que nous appelons « réalité » est alors le produit d'une interprétation issue de nos échanges avec les autres. Il est donc possible, si nous considérons la réalité comme une construction, d'agir en substituant à celle-ci une autre construction: c'est le propos thérapeutique du Mental Research Institute.

Michel Crozier et Erhard Friedberg soulignent également: « Si l'action collective constitue un problème si décisif pour nos sociétés, c'est d'abord et avant tout parce que ce n'est pas un phénomène naturel. C'est un construit social[4]. » Quant au chercheur Hamid Bouchiri, il « situe la démarche constructiviste comme une attitude philosophique et un pari sur l'Homme. Le constructivisme considère que la société, ou plus précisément tout système humain organisé, est d'abord une création humaine dont l'Homme est le premier et le dernier responsable[5] ».

---

1. Néologisme traduit de l'anglais *« social constructionism »*.
2. Paul Watzlawick, *Les cheveux du Baron de Münchausen. Psychothérapie et « réalité »*, Le Seuil, 1991.
3. Paul Watzlawick, *La Réalité de la réalité: Confusion, désinformation, communication...*, 1978, Le Seuil, « Points », 1984 et Paul Watzlawick (dir.), *L'Invention de la réalité, Contributions au constructivisme*, 1981, trad. Le Seuil, 1985 réed. 1984 et trad. 1988.
4. Michel Crozier et Erhard Friedberg, *L'Acteur et le Système*, Le Seuil, 1977.
5. In *Encyclopédie des ressources humaines*, tome 4, « Projets individuels et collectifs », Éditions d'Organisation, 1994.

Les conséquences de cette vision sont nombreuses, notons-en quelques-unes :

* s'il n'y a rien de « biologique » dans l'organisation, rien n'y est intangible…
* les échanges, la communication humaine construisent la réalité et débouchent sur des formes de convention sociale ;
* la rationalité des organisations est nécessairement limitée ;
* les représentations, croyances, valeurs et culture orientent la perception de la réalité ;
* il est possible d'agir sur ces représentations en focalisant l'attention sur des récits et des expériences différentes, et cela peut avoir un effet sur les personnes et les échanges qu'elles ont entre elles.

En d'autres termes, il n'est pas réaliste, pour comprendre le fonctionnement d'une organisation et l'accompagner, d'envisager des méthodes d'investigation ou de diagnostic « objectives » et tout à fait rationnelles, en ce sens qu'elles seraient détachées du « fait humain », et il serait tout aussi illusoire de centrer l'attention sur les seuls individus. L'AI, en donnant aux individus l'occasion de partager leurs récits et leurs expériences, permet de repérer ce qui constitue l'organisation : elle centre simplement son point de vue sur ce qui est positif.

Le constructionnisme social selon Kenneth Gergen

Kenneth Gergen, président du Taos Institute, est un des représentants majeurs du constructionnisme social. Il poursuit le point de vue constructiviste en affirmant que : « Tout ce que nous considérons comme réel est construit socialement. Ou, plus directement, *rien* n'est réel avant que les hommes ne s'accordent pour dire qu'il en est ainsi[1]. » Le constructionnisme social remet donc en cause la notion d'objectivité de faits sur lesquels nous serions tous potentiellement d'accord pour mettre en avant une lecture du monde reposant sur nos valeurs. Dès lors, le dialogue peut porter sur ce que nous estimons être la réalité et l'expression de ce qui lui donne du sens présente un intérêt pour la découverte d'autres représentations du monde. La dimension relationnelle devient donc essentielle : elle présente un pouvoir « génératif » et ouvre la possibilité de créer de nouvelles réalités. Ainsi, selon Kenneth Gergen, l'omniprésence des propos sur les problèmes dans les organisations les ferme à leurs rêves. Or, « parler du problème est facul-

---

1. Kenneth J. Gergen et Mary Gergen, *Le Constructionnisme social : un guide pour dialoguer*, Le Germe, 2006, p. 12.

tatif. Les problèmes n'existent que si nous construisons le monde de cette façon[1] ». Un autre choix est opéré par les promoteurs du questionnement appréciatif : le centrage sur les forces et les ressources de l'organisation, la découverte et le partage du « noyau positif » et la construction collective d'un futur.

Les grands principes

Les fondements théoriques – constructivisme social et recherche sur l'imagerie –, présentés dans la partie précédente sous-tendent ce qui constitue le cœur de l'AI : les cinq phases de la pratique et les principes auxquels se réfère l'action.

Les cinq principes de base
• Le principe constructiviste
• Le principe de simultanéité
• Le principe poétique
• Le principe d'anticipation
• Le principe positif

Les cinq phases de la pratique
• Le choix d'une orientation positive pour déclencher la démarche
• La recherche d'expériences, d'histoires vécues et de réussites pour identifier ce qui donne vie à l'organisation
• La construction d'une vision partagée du futur
• La recherche et l'organisation des thèmes du changement
• Le déploiement d'actions innovantes pour réaliser le rêve commun

La compréhension profonde de ce qui fonde toute intervention d'AI et en particulier celle des cinq principes de base est indispensable à quiconque souhaite utiliser pleinement la méthode. Il ne s'agit pas seulement d'un outil ou d'une technique nouvelle, plus sympathique peut-être, mais d'un véritable changement d'état d'esprit dans la conduite du changement.

---

1. *Op. cit*, p. 55.

Cinq grands principes

Le principe constructiviste

Selon ce principe, les représentations mentales véhiculées par nos mots et l'évolution des organisations sont interdépendantes : le langage et la communication sont au cœur de l'organisation et des changements.

Selon le constructionnisme social, nos mots ne sont pas seulement les supports des informations et des pensées, ils sont aussi les moyens de construire les mondes dans lesquels nous vivons, ils guident notre expérience sensorielle même. Il suffit, pour s'en convaincre, de se référer à une pratique bien française : goûter le vin ! Goûter le vin seul, en amateur procure des sensations certes, mais le goûter avec un œnologue enrichit considérablement l'expérience. En effet, celui-ci vous indique ce qu'il est possible de sentir : une note de fruits rouges, un goût de silex, un goût de « pierre à fusil », et bien d'autres évocations provoquent immédiatement en vous la sensation indiquée ! Ce sont les mots qui créent alors une réalité sensorielle qui nous échappait jusquelà. Les mots que nous employons, nos métaphores expriment les catégories mentales que nous employons et la réalité que nous vivons. Frank J. Barrett et Ron E. Fry[1], illustrant comment « les mots créent les mondes[2] », montrent, par exemple, qu'employer le mot « subordonné » dans une organisation n'est pas neutre et évoque une hiérarchie, un système de direction, de management et de contrôle. C'est toute une vision de l'organisation qui s'exprime dans un simple mot. Que dire également, par exemple, d'expressions comme « charges de personnel », « masse salariale » ? Quelle vision des êtres humains au travail, de la finalité et de l'économie de l'entreprise expriment-elles ?

Ainsi, prendre conscience des mots que nous employons nous aide à réaliser dans quel monde nous vivons : celui-ci n'est pas donné mais construit à l'aide de ces mots mêmes, dans le partage entre les membres d'un groupe humain. Changer les mots peut contribuer à faire évoluer nos représentations et à transformer la réalité. Les mots ont un pouvoir d'action et innover en créant de nouvelles histoires, de nouvelles images et métaphores présente un réel pouvoir de transformation.

Pour l'AI, à l'instar de grands textes, le Verbe est créateur ! La nature de nos échanges et leur orientation sont donc décisives. Nous disposons, avec le langage, d'un outil collectif de création de connaissance et de sens qui façonne

---

1. Frank J. Barrett et Ron E. Fry, *Appreciative Inquiry – A Positive Approach to Building Cooperative Capacity*, Taos Institute Publications, 2005.
2. *« Words create worlds. »*

notre futur. Aucun leader ou responsable ne peut donc faire l'économie d'une lecture de l'organisation comme étant un produit des échanges humains s'il a l'ambition de la découvrir et de la comprendre toujours davantage.

Dans le processus d'AI, les échanges du sommet vers le terrain et du terrain vers le sommet permettent de découvrir les différents points de vue et de construire un sens partagé. Il est intéressant de débusquer toutes les visions négatives ou défaitistes implicites dans le langage («Il faut absolument améliorer les relations entre…») et, au cours des entretiens appréciatifs, de mettre en œuvre un langage positif, centré sur les ressources et les réussites.

Le principe de simultanéité

Selon ce principe, l'exploration est en elle-même une intervention; dès que l'on questionne, on provoque des changements… On sait depuis longtemps que le simple fait d'intervenir auprès d'une équipe, sans rien changer de significatif, produit des effets sur le travail lui-même, comme l'ont montré les expériences d'Elton Mayo rapportées plus haut (cf. p. 26). Il ne suffit cependant pas de conduire une investigation pour provoquer des changements durables.

Les sources du changement résident dans ce que pensent les personnes, leurs croyances, les idées qu'elles échangent et la vision qu'elles partagent. Dès que nous questionnons, nous transmettons indirectement notre vision du monde et notre propre conception de l'entreprise et du changement.

Ainsi quand on demande aux membres d'une équipe qui veut renforcer sa cohésion: «Quels sont, selon vous, les moments forts que vous avez vécu avec l'équipe de direction et qui ont mis en évidence sa cohésion? Comment cette cohésion s'est-elle manifestée? Quels comportements et attitudes avez-vous observés?», on invite les personnes à se rappeler de tels moments, ce qui les a rendus possibles ainsi que les bénéfices qu'ils en ont tirés. À la suite d'échanges reposant sur de telles questions, les participants commencent à imaginer de nouvelles attitudes ou actions pouvant favoriser la cohésion.

C'est pourquoi la qualité des questions posées, leur véritable et sincère orientation pour la recherche des ressources de l'organisation, l'expression de la curiosité, la construction du questionnaire d'enquête constituent des éléments déterminants. Grâce à ce questionnement émergeront les récits et réussites sur lesquels se construira le futur de l'organisation.

Le principe poétique

On peut se rappeler avec Frank J. Barrett et Ron E. Fry[1] l'origine du mot «poétique» pour comprendre le «principe poétique». Ce mot, selon le *Dictionnaire historique de la langue française*[2] vient du «latin *poeticus* lui-même emprunté au grec *poïëtikos* "qui a la vertu de faire" d'où, spécialement, qui a la vertu de créer, de produire». L'approche appréciative place cette notion au cœur de la démarche d'accompagnement: considérant les systèmes humains comme des créations non finies, elle pose un principe de création et de possibilité de création nouvelle.

C'est pourquoi ce principe est souvent présenté à l'aide d'une métaphore: une organisation est un livre ouvert, source infinie de découvertes et d'interprétations, tout autant qu'un texte ou une chanson! L'histoire et la vie de l'entreprise sont écrites au quotidien par les coauteurs que sont toutes les personnes qui y vivent et celles qui sont en relation avec elle. Tout système humain offre de très nombreux sujets d'étude et de découverte; on peut choisir de centrer son attention sur les ressources, les moments forts, les temps de créativité et d'innovation ou sur ce qui est déprimant et consommateur d'énergie. Nous avons le choix!

C'est pourquoi un des temps forts de la démarche d'AI est le choix d'une orientation positive sur laquelle vont se concentrer les recherches. Résoudre un problème de livraison des bagages est une chose, vouloir trouver comment on accompagne au mieux ses clients pour que l'expérience de l'atterrissage soit la meilleure possible en est une autre (cf. l'exemple de British Airways, p. 63).

Le principe d'anticipation

Notre vision du futur, nos échanges sur nos perspectives constituent une des plus importantes ressources dont nous disposons pour faire évoluer les organisations dans lesquelles nous travaillons. Nos images du futur déterminent nos comportements et, en sens inverse, en l'absence de projet, les contraintes du quotidien deviennent très pesantes. Un de mes clients, cadre dirigeant supportant très bien la pression de résultats qui s'imposait à lui, souffrait néanmoins d'un stress excessif lié à l'importance que prenait chaque action isolée, non mise en perspective, car il n'avait aucune vision du devenir de son entreprise.

---

1. *Op. cit*, p. 44.
2. *Le Robert, Dictionnaire historique de la langue française*, sous la direction d'Alain Rey, Paris, édition de 2004.

La projection vers l'avenir tend à éclairer le présent et à mettre les systèmes en énergie, elle inspire l'action…

Ainsi, un des temps forts de la démarche AI est-il d'imaginer le meilleur devenir pour l'organisation et d'émettre des propositions stimulantes pour l'action future. La physionomie des entreprises est largement due à la vision et aux messages de leurs dirigeants sur l'organisation et l'avenir; c'est sans doute une des raisons pour lesquelles tant de petites et moyennes entreprises ont du mal à survivre au départ de leur créateur.

Le principe positif

Ce principe est tout à fait concret et issu de l'observation: on s'est en effet aperçu, au fil des enquêtes, que les questions positives engendrent des changements positifs et durables. Les sentiments positifs – espoir, joie partagée, satisfaction, inspiration – et le lien social facilitent la conduite de changements, et, précisément, les questions positives connectent aux sources d'énergie vitale de l'organisation et les amplifient.

À certains égards, les personnes et les organisations vont dans le sens des questions qu'on leur pose, et il est fort différent (et plus facile!) de rechercher les manifestations et les causes d'un mal-être social ou de l'absentéisme que de se demander ce qui a permis la meilleure implication au travail et la satisfaction la plus grande.

Rechercher le «noyau positif», les «piliers de la réussite», «les forces vitales» de l'organisation peut permettre d'identifier des éléments très divers tels que les meilleures pratiques, les compétences clés, l'excellente gestion financière, des innovations, des richesses relationnelles, des traditions sécurisantes, des organisations efficaces, etc.

Et quelques autres…

Diana Whitney et Amanda Trosten-Bloom[1] ajoutent, en 2003, à la suite de leur utilisation de l'AI dans des changements à grande échelle, trois principes supplémentaires à ceux retenus par Cooperrider et Srivastva.

Le principe de totalité

Il y a, dans ce principe, l'idée d'intégralité aussi bien que d'intégrité. Il est mis en œuvre quand la totalité du système est prise en compte dans le changement

---

1. Diana Whitney et Amanda Trosten-Bloom, *The Power of Appreciative Inquiry*, BK, 2003.

où celui-ci est le plus efficace. C'est également quand son intégrité est respectée qu'un individu est disposé à donner le meilleur de lui-même. Ainsi, dans l'exploration appréciative, l'histoire d'une réussite d'entreprise ne consiste pas en un récit unique et isolé ; c'est souvent l'addition et la synthèse de récits partagés pendant les interviews. C'est un principe qui ouvre les participants à différents points de vue et qui permet de prendre de la hauteur. Grâce à cela, chacun peut se centrer sur ce qui est commun et le meilleur pour l'ensemble de l'organisation.

Concrètement, cela signifie qu'il est souhaitable, si l'on accompagne une équipe avec l'AI, de faire participer tous ses membres, et, si l'on travaille avec une grande organisation, voire une communauté, d'impliquer le plus grand nombre de personnes dans les 5 D de la démarche. Cela conduit à se poser la question des conditions matérielles de l'intervention : participants, temps et lieu. Les rencontres ainsi organisées permettront une meilleure connaissance mutuelle, la dissipation de bien des malentendus et des relations professionnelles plus simples.

Le principe de modélisation

Pour effectuer de réels changements, il faut incarner ces changements, chacun sachant que nous croyons non pas ce que l'on nous dit mais ce que nous voyons et constatons dans les actes. C'est la notion de cohérence entre dire et faire.

Le processus de changement, lui-même, est un modèle vivant du futur souhaité : plus ce processus sera convaincant et permettra de vivre ici et maintenant ce qui est souhaité, plus il se répandra dans l'organisation. Ainsi, par exemple, dans le cas d'un établissement social qui souffrait depuis des années d'un manque de communication entre les différentes équipes, avons-nous été amenés à organiser, à l'occasion de la définition du projet d'établissement, une démarche participative impliquant l'ensemble des personnels. C'était l'occasion de faire la démonstration qu'un nouveau fonctionnement était possible... en le mettant en œuvre.

Le principe du libre choix

Les personnes et les groupes sont plus efficaces et concernés quand ils peuvent choisir à quoi contribuer et comment y contribuer : la notion de volontariat est ainsi essentielle quand on utilise l'AI.

Ceci s'inscrit en parfaite cohérence avec les recherches de Joule et Beauvois[1]. Ceux-ci ont en effet montré, que si l'on offre aux personnes la possibilité de participer à une action mais aussi celle de refuser, on peut les amener plus volontiers à s'engager dans cette action et à y contribuer positivement. Cela conforte l'attitude des responsables et facilitateurs AI: non seulement la probabilité que les personnes participent au projet est grande, mais aussi celle qu'ils s'y engagent résolument ; et c'est bien ce que nous confirme notre expérience de terrain.

Il ne s'agit donc pas d'imposer une démarche participative, ce qui serait proche d'un message paradoxal du type: «Exprimez-vous en toute liberté !» Les volontaires se manifestent dès lors que l'on a éveillé leur curiosité, leur intérêt, en leur faisant des propositions innovantes, stimulantes, qui leur donneront confiance dans la réelle prise en compte de leur contribution. Cela signifie aussi, par exemple, que les personnes pourront participer à la réalisation de changements en choisissant d'agir, dans le cadre des orientations étudiées en commun, là où leur contribution leur semble la plus pertinente et génératrice de «valeur ajoutée». C'est pourquoi, lors de la phase de déploiement et de concrétisation des décisions, il est utile et efficace de faire appel à ce volontariat plutôt que de simplement demander aux structures existantes de traiter les sujets (ces dernières auront bien sûr leur rôle à jouer et leur expertise sera utilisée).

Frank Barrett et Ron Fry[2] évoquent également un principe supplémentaire qui leur est apparu à la suite de nombreux rapports d'expériences et d'étude de cas et qui me semble être au cœur de la réussite de la démarche appréciative.

Le principe narratif

Depuis que nous sommes enfants, nous aimons écouter des histoires et parfois en raconter ! Les histoires nous transportent, nous font vivre les émotions des protagonistes, nous permettent de nous projeter dans la vie et les aventures des autres. Elles contribuent très certainement à notre capacité à nous forger une théorie de l'esprit, c'est-à-dire à identifier et à comprendre nos états mentaux et ceux des autres. Les histoires nous ouvrent à la différence entre les personnes et leur partage enrichit les interactions sociales. Deux auteurs, David Commer Kidd et Emanuele Castano, ont d'ailleurs montré que lire des œuvres de fiction par lesquelles nous sommes plongés dans la vie, les actions et les

---

1. Robert-Vincent Joule et Jean-Léon Beauvois, *La Soumission librement consentie*, Presses universitaires de France, 1998.
2. *Op. cit.*, p. 49.

émotions de personnages développe la théorie de l'esprit[1]. Ce développement porte aussi bien sur les aspects cognitifs – se représenter les croyances et les intentions des autres – que sur les aspects affectifs et donc l'empathie. On peut penser que se raconter des histoires, le plus souvent professionnelles dans les projets appréciatifs, procure le même effet de compréhension mutuelle avec un partage émotionnel et cognitif. Les histoires créent donc des liens entre ceux qui se les racontent, donnent de la cohérence à l'expérience, permettent de dégager du sens et suscitent des échanges constructifs.

Ces neuf principes rappellent que c'est sur des images positives que se construit l'action : si une entreprise ou une équipe décident d'utiliser l'*Appreciative Inquiry*, il est essentiel qu'elle affirme son adhésion à l'efficacité de ces principes, ou son pari sur elle, pour entrer dans l'action. Il s'agira alors d'un choix explicite, fortement affirmé, et de l'expression d'une détermination à construire avec force un futur motivant pour l'organisation et tous ceux qu'elle sert.

Agir et réussir

De nombreux exemples d'interventions auprès d'entreprises ou d'institutions sont fournis par les auteurs américains qui détaillent parfois toutes les étapes du travail, qu'il s'agisse de conventions ou d'actions auprès de l'ensemble du système.

Des exemples aux États-Unis et au Brésil

British Airways (USA)

Le projet :

* développement et maintien de l'« excellence dans le service du client » ;
* approche nouvelle du client ;
* amélioration qualité du service « livraison bagages ».

Les résultats :

* engagement plus fort des salariés ;

---

1. David Commer Kidd et Emanuele Castano, « Reading Literary Fiction Improves Theory of Mind », *Science*, vol. 342, 18 octobre 2013.

- amélioration de la rentabilité globale ;
- forte amélioration du service perçue par les clients.

GTE Telecom

Le projet :

- développement d'une culture participative de réseau ;
- meilleur partenariat syndicats/direction ;
- excellence de la relation téléphonique client.

Les résultats :

- 1997 ASTD Award (récompense pour le meilleur projet de changement) ;
- changement de style de management ;
- surveillance de la situation des salariés et accroissement de leur satisfaction.

Hills & Dales Child Development Center

Le projet :

- dynamisation du comité de direction pour développer une vision stratégique ;
- engagement du plus grand nombre de collaborateurs pour identifier les voies à emprunter.

Les résultats :

- meilleure mesure de leur activité et de leur productivité par les personnels ;
- lancement d'une campagne publique pour faire connaître Hills & Dales ;
- dons de 1,2 million de dollars après la campagne.

Nutrimental Foods (Brésil)

Le projet :

- susciter la confiance des salariés après la perte de son monopole et de drastiques réductions d'effectifs ;
- gagner en compétitivité sur de nouveaux marchés.

Les résultats (quatre ans plus tard) :

- 66 % d'augmentation des ventes ;
- 422 % d'augmentation du résultat ;
- 42 % d'augmentation de la productivité.

Des exemples en France et au Maroc

Saint-Gobain Isover Western Europe

Le projet :

- faire le point sur le fonctionnement des équipes « marketing et développement produit » européennes deux ans après une réorganisation ;
- construire un esprit d'équipe et de partage dans toute l'Europe.

Les résultats :

- échange et partage sur les réussites des différentes équipes européennes ;
- prise de conscience des points forts de l'équipe et des complémentarités ;
- propositions nouvelles afin d'offrir aux clients les solutions d'isolation les plus adaptées dans les délais les plus brefs.

Michelin

Le projet :

- construire et partager une vision de la stratégie des systèmes d'information du groupe Business Solution Services ;
- traduire cette vision en plan d'action pour la période 2006-2008 ;
- obtenir l'implication des responsables pour s'approprier et mettre en œuvre cette stratégie.

Les résultats :

- plan d'évolution pour la direction des systèmes d'information du groupe Business Solution Services ;
- élaboration du plan d'action pour la période 2006-2008 ;
- engagement formel des responsables pour s'approprier et mettre en œuvre cette stratégie.

Bouygues Telecom

Le projet :

- dans le cadre d'un projet « efficacité informatique », développer le travail collaboratif et l'efficacité ;
- identifier les bonnes pratiques et les bons outils ;
- travailler sur plusieurs domaines d'action : efficacité personnelle, réunions, gestion de l'information partagée.

Les résultats :

- identification de cinq facteurs de succès générateurs d'efficacité et de plaisir au travail ;

- élaboration de propositions concrètes (organisation des réunions, télédistribution d'un nouveau paramétrage du logiciel Outlook, solutions de communication à distance) sur le respect des engagements et le travail en fonction des priorités, mesure et exploitation des progrès effectués ;
- développement de portails de communication pour les projets, les équipes ou les métiers de la direction.

Drapor[1]

Le projet – Réfléchir avec l'ensemble des cadres, à l'occasion de la convention annuelle de la société, sur :

- les perspectives d'avenir en relation avec la privatisation en cours ;
- le projet d'entreprise Drapor, ses principaux enjeux, sa nouvelle organisation ;
- la construction de l'avenir à travers le renforcement des capacités de leadership et de la compétitivité de l'entreprise.

Les résultats :

- définition de la stratégie de développement international de la société et d'une perspective de développement durable ;
- mise en place de quatre grands chantiers avec pilotes et groupes de travail : « Innovation et matériel », « Développement et épanouissement des ressources humaines et professionnalisme », « Renforcement du développement à l'international », « Développement de l'activité Sable et Dérivés ».

Nous détaillerons les cas Bouygues et Drapor au fil de la présentation des étapes de l'AI. D'ores et déjà, on peut affirmer que ce qui est commun à toutes ces expériences est la prise de conscience par les participants :

- du fort impact d'une approche positive, d'une part ;
- de la valeur de la rencontre entre les orientations de direction et les propositions des responsables et opérationnels, d'autre part.

---

1. Société nationale marocaine de dragage des ports en Afrique et en Europe.

CHAPITRE 3

Accompagner le changement avec l'*Appreciative Inquiry*

Français et positifs...

Nous avons eu l'occasion de présenter l'*Appreciative Inquiry* à plusieurs entreprises françaises et nous avons pu recueillir des réactions diverses. Avant de les évoquer, relevons un point commun à tous nos interlocuteurs : aucun n'est resté indifférent à l'approche, dont le caractère délibérément déséquilibré éveille toujours la curiosité !

L'intérêt et l'enthousiasme rencontrés peuvent s'expliquer par le sentiment de nouveauté, de prendre enfin un « bol d'air », la lassitude des façons habituelles de procéder, le découragement devant les approches lourdes qui expriment une volonté de maîtrise totale... Ils s'expliquent certainement, également, par l'attrait qu'exerce sur de nombreuses personnes l'espoir de sortir d'une vision morose de la réalité, de la critique tous azimuts pour, enfin, reconnaître ce qui existe vraiment.

Il y a, dans la volonté que nous ont exprimée certains de nos clients de tenter une démarche AI, le désir de concilier un réalisme qui permet de faire des constats positifs sur lesquels il est possible de s'appuyer pour conduire une action et celui de créer enfin une communauté de travail dans laquelle chacun connaît sa place, souhaite contribuer et participe activement au développement de l'entreprise. En d'autres termes, ces personnes trouvent en l'AI une façon de combiner réalisme et idéalisme dans l'action...

En revanche, nous avons pu enregistrer quelques craintes : est-il vraiment réaliste de faire le pari de ne travailler qu'à partir de ce qui est positif et de, volontairement, ne pas se centrer sur les aspects négatifs qui, bien sûr, existent également ? Les personnes qui sont habituées aux diagnostics « équilibrés » ont quelque difficulté à tenter l'expérience. Il est vrai qu'il faut avoir connu la dynamique de changement positif pour avoir la pleine certitude de ses effets d'entraînement et mesurer que les problèmes sont traités *chemin faisant.*

Parfois, également, on nous a objecté que le processus semblait trop long, les solutions aux problèmes paraissant connues. Nous avons en effet souvent remarqué, dans les entreprises, la propension à proposer des solutions avant même que les questions soient vraiment posées. On sait bien que, devant un problème, la première «bonne» solution qui rencontre le maximum d'assentiment dans un comité de direction, par exemple, est adoptée... rares sont les matrices de décision actives... Et quand bien même les solutions seraient «bonnes», comment les personnes de l'entreprise se les approprieraient-elles, quelle énergie serait mobilisée si celles-ci n'avaient pas contribué à construire le futur de l'organisation?

Le dernier point concerne la prise de risque de tout responsable qui prendrait la décision de conduire un processus AI. Les risques de dérive et l'incertitude devant les découvertes qui seront réalisées, les rêves exprimés et les choix d'organisation proposés ont pu préoccuper certains de nos clients. Seule une préparation sérieuse et efficace peut répondre à cette question. Elle doit en particulier porter sur la définition claire des orientations de l'intervention et sur l'analyse de la pertinence d'utiliser l'AI.

Se préparer à agir

Il est donc essentiel, avant d'entreprendre une démarche AI, que l'on soit consultant ou responsable au sein de l'entreprise, de savoir si celle-ci est en adéquation avec les questions que l'on se pose et de la préparer avec soin. Un processus, aussi bon soit-il, ne peut donner de résultat sans un travail rigoureux et précis en amont, même si l'AI requiert beaucoup de créativité chemin faisant.

Plusieurs grandes étapes sont donc nécessaires: nous allons tenter de les passer en revue ainsi que les questions à se poser.

Présenter l'AI

Certains responsables de l'entreprise ont pu être sensibilisés à l'AI et exprimer leur intérêt. Il s'agit ensuite de présenter l'approche aux décideurs. Un minimum d'information doit, bien sûr, leur être apporté; avec l'expérience, nous constatons que cette présentation peut être réussie à au moins deux conditions. Elle doit :

- être mise en relation avec les questions qui se posent dans l'entreprise (la problématique). Il s'agit donc de les connaître suffisamment. À cet égard, des exemples concrets d'expériences conduites dans un contexte analogue doivent être recherchés. Ces exemples préciseront les résultats obtenus et le bilan du commanditaire ;

- être suffisamment interactive, sans excès de théorie, pour donner l'occasion aux participants de faire, même dans un temps très bref, l'expérience de l'impact des questions de base de l'AI et les aider à réfléchir sur la pertinence de l'utilisation de l'AI dans l'entreprise.

Voici, par exemple, le plan d'une présentation de 2 h 30 pour une équipe de direction de huit personnes :

Exemple d'introduction à l'AI

14 h 00-14 h 15 – Objectifs de la présentation :

- découvrir l'*Appreciative Inquiry* en tant qu'outil d'accompagnement et de conduite du changement ;

- faire l'expérience des questions principales de l'AI ;

- évaluer si l'AI est un outil utilisable par l'entreprise dans le cadre du projet de changement.

14 h 15-14 h 20 – Introduction : votre projet, vos objectifs

14 h 20-15 h 00 – Présentation de l'*Appreciative Inquiry* :

- définition, l'esprit, les applications, la méthode, les 4 D : *Discovery, Dream, Design, Destiny* (ou Découverte, Devenir, Décision, Déploiement) ;

- les cinq principes fondateurs de l'*Appreciative Inquiry* ;

- quelques exemples d'application.

15 h 00-15 h 30 – Expérimentation : les questions fondamentales de l'AI (utilisation des questions en duos interviewer/interviewé).

15 h 30-16 h 00 – Debriefing des interviews : échange sur le résultat des interviews (deux minutes par personne).

16 h 00-16 h 30 – Discussion :

- le choix d'une orientation positive pour le projet ;

- réflexion sur l'éventuelle utilisation de l'AI dans le cadre du projet actuel.

Est-ce que l'AI, en tant qu'approche positive du changement, est adaptée ?

La présentation peut immédiatement déboucher, et cela est souhaitable, sur une réflexion des décideurs. Voici les quelques questions à se poser : l'approche résolument positive proposée par l'AI est-elle recevable dans l'organisation ? Est-ce que la réussite du projet global doit passer par une investigation des ressources et réussites ? Souhaite-t-on faire participer le plus grand nombre à la préparation et à la conduite des changements ? Est-ce que les personnes de l'organisation, dans une relation avec leur direction qui peut être conflictuelle, sont prêtes à contribuer au processus ? Est-on déterminé à y consacrer le temps nécessaire ?

Que voulons-nous réaliser dans cette entreprise ?

S'agit-il pour l'entreprise de se donner un nouveau projet, de faire le point sur son organisation, d'améliorer son fonctionnement ? Souhaite-t-on utiliser l'AI pour faciliter une fusion, une réorganisation, la cohésion des équipes ? Quels sont les objectifs que nous poursuivons vraiment ? Quel est l'objectif de l'objectif ?

Les questions que nous utilisons pour discerner l'objectif profond des dirigeants de l'entreprise sont : « Est-ce *vraiment* ce que vous voulez ? Est-ce *tout* ce que vous voulez ? » Ainsi, le dirigeant d'une grande entreprise française qui souhaitait initialement « faire le bilan d'une nouvelle organisation de son équipe européenne après deux ans », formule-t-il une orientation sensiblement différente après ce type d'échange : « Je veux une équipe soudée et fortement interactive dans toute l'Europe pour innover dans la promotion de nos produits. »

Formuler une proposition

Les consultants ou les accompagnateurs internes du changement sont alors en mesure de proposer un canevas d'intervention à l'entreprise. Celui-ci comprendra :

- le rappel du contexte et du projet de l'entreprise ;
- une brève présentation de l'AI et de ses fondements ;
- une architecture d'intervention :
  - la définition rédigée des orientations de la direction,
  - les critères pour la création du groupe de pilotage,

- le programme de formation du groupe de pilotage,
- le rappel des cinq étapes avec des durées estimatives,
- le suivi envisagé pour la phase de déploiement ;
- les conditions matérielles de réalisation, dans la mesure du possible ;
- le budget ;
- les clauses de révision.

Communiquer

Dès l'intervention envisagée, il est essentiel de communiquer pour annoncer :

- les grandes orientations, le projet ou les grands objectifs ;
- les caractéristiques générales de la méthode utilisée, l'esprit de l'AI et la façon dont l'intervention se déroulera.

Cette communication peut se faire par écrit, avec :

- une lettre du dirigeant ou une note à l'attention des personnels ;
- un article dans le journal de l'entreprise ;
- des réunions animées par les dirigeants et les consultants ;
- un relais des managers au sein des services.

Communiquer le plus en amont possible est l'une des conditions de réussite d'une intervention AI qui, rappelons-le, suppose la participation active du plus grand nombre.

Voici un exemple de lettre adressée par le président d'une grande entreprise nationale marocaine à ses cadres dans la perspective d'une convention animée avec l'AI ; cette lettre a été suivie d'un article dans le journal de l'entreprise qui précisait la méthode utilisée.

Lettre du président à tous les cadres

« La convention 2005 de notre société se tiendra cette année à Fès du 27 au 29 mai 2005.

Cette convention constituera pour toutes les forces vives de l'entreprise une belle occasion de rencontre et une opportunité de plus pour forger l'esprit de corps de nos troupes et réaffirmer notre appartenance à cette grande institution.

La convention 2005 qui se tient à un tournant déterminant de l'histoire de notre société vise à faire partager à l'ensemble de ses cadres les doutes et les incertitudes qui les habitent, mais aussi leur conviction et leur volonté ferme de continuer à projeter en avant cette entreprise nationale d'exception.

Plusieurs projets seront au centre de nos entretiens durant cette nouvelle édition.

Ils concernent :

* *les perspectives d'avenir en relation avec la privatisation ;*

* *le projet d'entreprise, ses principaux enjeux, sa nouvelle organisation ;*

* *la construction de notre avenir à travers le renforcement de nos capacités de leadership et de notre compétitivité.*

Vivre et assumer pleinement mes engagements en toute responsabilité, déclarer clairement et fermement notre attachement aux valeurs communes de Drapor, et les faire partager de tous, telles seront les finalités de la convention de cette année.

Je vous invite à participer à ce moment fort de notre histoire commune et je compte sur votre totale implication pour construire ensemble une belle et forte solidarité et une cohésion sans faille afin de pouvoir assurer à Drapor croissance et développement à la hauteur de nos ambitions. »

Créer un groupe de pilotage

Si l'organisation s'engage dans une intervention AI, la première décision à prendre est la création d'un groupe de pilotage de dix à douze personnes. Celles-ci doivent être, dans toute la mesure du possible, représentatives de l'ensemble de l'organisation. C'est le critère principal : représentation des services, des métiers, des niveaux hiérarchiques, des compétences, des âges, des sexes, etc.

Cette diversité à l'intérieur du groupe de pilotage permettra d'enrichir la réflexion préparatoire d'apports complémentaires et de prévoir comment intéresser le plus grand nombre de personnes dans l'entreprise. Il s'agit bien évidemment de faire appel à des personnes qui souhaitent réellement jouer un rôle moteur dans le développement d'une telle initiative et qui se sentent en accord avec l'approche. Ce sont bien souvent des personnes engagées et professionnellement respectées qui se proposent et sont retenues.

Le groupe de pilotage joue un rôle central dans la conduite d'une intervention AI :

* il précise l'orientation du projet que les dirigeants de l'entreprise ont présentée de façon stratégique et globale : il identifie les thèmes plus précis sur lesquels porteront les entretiens et les échanges collectifs ;

- il définit le mode d'intervention (convention, conduite des entretiens, regroupements divers...) ;
- il communique sur l'intervention pour la faire comprendre le mieux possible dans l'entreprise et pour susciter l'intérêt (réunions, écrits, vidéos...) ;
- il suit le déroulement du processus, consolide les résultats et organise la communication ;
- il aide à la poursuite et au rayonnement de l'approche en facilitant le travail des groupes et en accompagnant de nouvelles initiatives.

Former le groupe de pilotage

Pour mener à bien son action, le groupe de pilotage doit s'approprier l'approche en profondeur. Cela concerne aussi bien la compréhension du processus des 5 D, la conduite des interviews, la collecte des données que les principes fondamentaux de l'AI.

Voici, par exemple, le programme de formation du groupe de pilotage sur deux jours dans une grande entreprise française :

Programme de formation d'un groupe de pilotage

Jour 1

Présentation/Objectifs/Programme Définition de l'AI, la conduite du changement, la méthode	Tous	9 h 00-9 h 30
Premières actions du groupe pilote : interviews par paires Pause	Paires	9 h 30-10 h 15 10 h 15-10 h 45
Success stories et résultats Les principes fondateurs	Tous	10 h 45-11 h 15
Restitutions des interviews en sous-groupes	Sous-groupes	11 h 15-12 h 00
Présentation : choix d'une orientation positive	Tous	12 h 00-12 h 30
Déjeuner		12 h 30-14 h 00
Déterminer l'orientation positive	Tous	14 h 00-15 h 30
Pause	Tous	15 h 30-16 h 00
La phase *Discovery* : introduction Début de la construction du questionnaire	Tous Sous-groupes	16 h 00-17 h 30

Jour 2

La phase *Discovery*: construction du question-naire (suite et fin) Restitution et synthèse	Sous-groupes Tous	9h00/10h00 10h00/10h30
Pause Devenir: présentation Décision: présentation Déploiement: présentation	Tous	10h30/11h00 11h00/12h30
Déjeuner		12h30/14h00
Organisation de l'AI dans la société Planning Logistique Outils de communication Rôle du groupe pilote au cours de chaque étape	Tous	14h00/17h00

Cette formation est en elle-même un processus AI, les participants:

- font l'expérience des questions de base;
- échangent sur la conduite des entretiens;
- précisent les orientations du projet en thèmes de réflexion sur la base de leurs propres réponses aux questions génériques de l'AI;
- construisent le questionnaire qui sera utilisé par tous lors de la phase «Découverte»;
- reçoivent une information sur toutes les phases du processus;
- organisent les étapes de l'intervention:
  - les regroupements pour les entretiens en duos,
  - les travaux en petits groupes pour échanger sur les résultats des entretiens,
  - les réunions sur les phases «Devenir», «Décision» et «Déploiement»,
  - la collecte des données,
  - le calendrier de travail,
  - la communication des résultats…;
- décident de la logistique: types de salles, matériel utilisé, convivialité. Ce travail est particulièrement important: les conditions d'accueil, le confort des salles, la capacité à trouver des espaces agréables pour les échanges en duos, en sous-groupes ou entre tous contribuent largement à la réussite de l'intervention.

Il s'agit donc d'une formation/action qui débouche sur :

- un questionnaire précis concernant les sujets d'exploration ;
- un dispositif d'intervention bien défini : organisation et logistique ;
- un plan de communication avec différents supports ;
- des modalités de suivi.

> **SE PRÉPARER À AGIR**
>
> 1. Présenter l'AI : Introduction à l'AI.
> 2. Identifier les grands objectifs de l'entreprise.
> 3. Formuler une proposition.
> 4. Communiquer vers les personnes concernées.
> 5. Constituer un groupe de pilotage.
> 6. Former le groupe de pilotage.

Les 5 D en détail

Définition : les sujets porteurs

Qu'est-ce que c'est ?

C'est la première étape. Il s'agit de la *définition* du thème général et des sujets plus particuliers choisis pour l'intervention : leur détermination et leur formulation sont décisives. Les organisations vont dans le sens des questions qu'on leur pose !

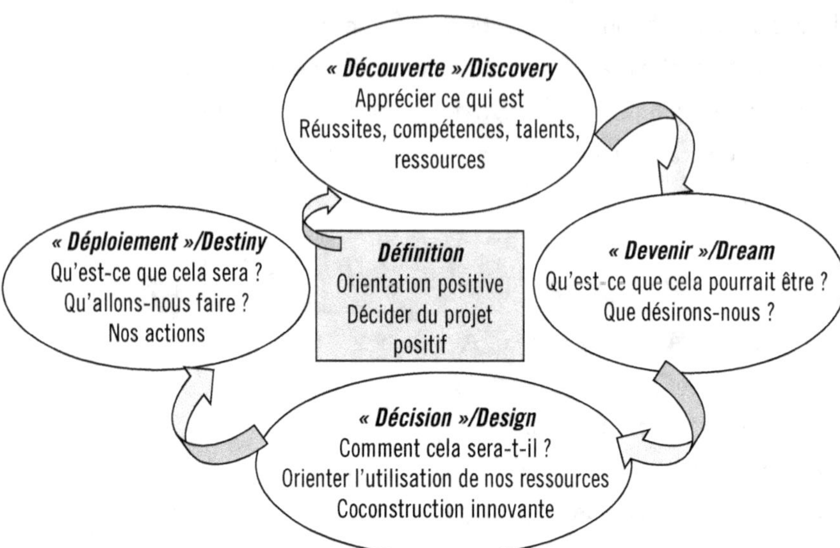

Définir une orientation générale, un projet positif, fortement mobilisateur, est de la responsabilité des dirigeants de l'entreprise ou du service qui décide de mettre en œuvre une intervention de type AI.

C'est un temps dans lequel les responsables s'interrogent sur ce qu'ils souhaitent vraiment pour l'organisation et précisent leur propos. Ils orientent ainsi la recherche des expériences réussies et des ressources, entendent stimuler la créativité, non sur l'ensemble des sujets possibles, mais sur ce qui leur semble essentiel à ce stade de la vie de l'organisation.

Il est donc important que le projet corresponde à des questions sur lesquelles tous sont prêts à se mobiliser. Pour certaines, cela s'impose : une fusion est en cours, l'entreprise souhaite la réussir ; un plan de développement stratégique est à construire par l'encadrement et tous sont concernés… Pour d'autres, une sensibilisation a pu être effectuée, le travail a été préparé : dans une entreprise, des formations sur la gestion des priorités et du temps et l'utilisation de logiciels dédiés ont débouché sur un processus AI centré sur « l'efficacité collaborative »…

Ce travail d'orientation est donc nécessaire pour, d'une part, que tous s'impliquent dans la démarche et pour, d'autre part, éviter une dispersion qui pourrait être inefficace, voire dangereuse (avec une profusion de souhaits irréalistes, par exemple) pour l'équilibre de l'organisation.

Identifier des thèmes de travail pour tous permet de préciser l'orientation générale et de préparer la phase « Découverte ». C'est l'occasion, pour le groupe de pilotage, de travailler à la formulation la plus stimulante possible du projet et de le rapprocher de sujets plus précis et concrets qui intéresseront les participants à la démarche.

On discerne ces sujets en gardant à l'esprit le projet d'ensemble et à partir des réponses aux questions fondamentales de l'AI :

* Pourriez-vous nous parler d'une expérience forte dans votre organisation, d'un moment où vous étiez très engagé, enthousiaste... ?
* Sans modestie, quelles sont vos réussites les plus significatives, celles de votre organisation... ?
* Quels sont les facteurs clés qui donnent vie à votre organisation, ceux sans lesquels elle cesserait d'exister... ?
* Quels sont les trois vœux que vous feriez pour le développement de votre organisation et sa vitalité... ?

Qui est concerné ?

Qui impliquer dans ce choix ?

* idéalement, un comité de pilotage représentatif, capable d'enrichir le travail des différents points de vue dans l'entreprise ;
* au minimum, les responsables concernés par le projet ;
* si possible... le plus grand nombre, le comité de pilotage pouvant, par exemple, consulter différents collègues.

Comment cela se passe-t-il ?

Cette phase correspond à un travail préparatoire avec le ou les dirigeants pour la définition du projet et elle est le plus souvent incluse, pour l'identification des thèmes de recherche, dans la formation du groupe de pilotage.

Il arrive cependant que le comité de pilotage et l'équipe qui bénéficie de l'intervention soient confondus. Ainsi, un groupe de consultants souhaitait-il à la fois s'approprier la méthode et travailler à son projet propre. Comité de pilotage et équipe, il a donc défini l'orientation et les sujets plus précis d'investigation, construit lui-même un questionnaire qu'il s'est appliqué. Il a ensuite traversé toutes les étapes du processus avec succès.

Comment définir les thèmes de l'exploration ? Voici quelques règles simples :

* le nombre de thèmes doit être limité à cinq au maximum afin d'éviter un

trop long questionnaire, une dispersion et un excès d'information qui nuiraient à la réalisation des étapes suivantes ;

- les sujets répondront à plusieurs critères ; ils seront :
  - positifs (tournés vers l'identification des ressources, des succès, des facteurs de motivation...),
  - de nature à susciter la curiosité afin que les personnes aient envie de questionner leurs collègues et de découvrir leur expérience,
  - stimulants et évoquant des enjeux certains pour les participants,
  - en cohérence avec les ambitions de l'entreprise et le projet général qui a déclenché l'intervention,
  - rassembleurs (ils concernent le plus grand nombre, et en particulier ceux qui joueront un rôle important dans la mise en œuvre du projet...).

Le groupe de pilotage peut définir des critères supplémentaires et les pondérer.

La formulation des thèmes de recherche n'est pas un simple exercice de style ; s'il est vrai que nos mots façonnent la réalité, exprimer des orientations est déjà une action concrète et peut modifier la conception même du projet.

Parler un langage positif, c'est faire le choix de centrer son attention sur ce qui mettra en mouvement le système en direction de son projet. Or, cette approche constitue un renversement par rapport à des habitudes de langage plutôt tournées vers l'expression des déficits et des problèmes.

On peut contraster ainsi les deux types de langage : le langage du déficit et le langage « appréciatif ».

Le langage du déficit	Le langage « appréciatif »
Recherche des problèmes Centré sur le passé Centré sur soi	Expression d'une vision Orienté vers le futur Tourné vers les autres
Je veux améliorer les relations entre le marketing et le commercial *Nous voulons mieux communiquer entre les services de l'établissement*	*Je veux offrir à mes clients les meilleurs produits au meilleur prix* *Nous voulons mettre en valeur l'identité de notre établissement*

Notre langage courant traduit et trahit ces habitudes de pensée centrées sur la recherche du déficit et le traitement des problèmes : nous parlons ainsi d'*améliorer* une organisation ou un fonctionnement, centrant immédiatement l'attention sur le fait que la situation n'est pas satisfaisante actuellement plutôt que sur l'image de ce que nous voulons réaliser… Il en va de même pour des expressions telles que: «les axes de progrès», «mieux communiquer», etc.

Quelques exemples

Voici l'expression de quelques thèmes de recherche issus d'expériences d'entreprise, parfois avant et après transformation.

Exemples d'orientation positive ou non d'un projet

Sujets négatifs ou neutres	Orientation positive
• Réduire les délais • Diminuer les coûts • Maintenir les meilleurs éléments dans l'entreprise • Mettre en place une meilleure organisation du service client	• Un service client exceptionnel • Des clients enthousiastes… • Être acteur de son développement • *Outstanding arrival experience* • *Digital spirit*

Formulation du projet d'une équipe marketing Europe d'un grand groupe

Un autre exemple est celui d'une équipe marketing Europe d'un grand groupe dont les responsables formulaient ainsi leur projet:

Orientations initiales:

- assurer notre business par la réponse à la demande de nos clients ;

- faire comprendre aux commerciaux comment commercialiser nos produits ;

- régler les problèmes de communication et de coordination dans l'équipe en Europe.

Après un travail de questionnement, ces orientations devinrent:

Nous voulons:

- maintenir et développer notre croissance en suscitant l'enthousiasme de nos clients ;

- développer de nouveaux produits totalement satisfaisants pour les clients et les commerciaux ;

- renforcer l'esprit d'équipe et créer une coopération permanente entre toutes les entités des régions d'Europe de l'Ouest.

Orientations définies pour un séminaire

Voici également, dans un autre contexte, les orientations définies pour un séminaire réalisé dans une entreprise de services avec une équipe marketing et ventes :

Sujet général défini : « Travailler ensemble pour un service client exceptionnel »

Les orientations positives retenues :

- nous voulons un service client qui puisse être reconnu pour son professionnalisme et son expertise ;
- cette évolution doit permettre à chaque personne d'être actrice de son propre développement ;
- l'esprit d'équipe doit permettre de maximiser les compétences de chacun(e).

LES DIFFÉRENTES ÉTAPES DE LA PHASE « DÉFINITION »

1. Présentation de l'AI au groupe de pilotage.

2. Mini-interviews afin que le groupe de pilotage fasse l'expérience des questions et dispose d'éléments pour préciser l'orientation générale.

3. Réflexion sur l'orientation du projet et, si nécessaire, reformulation.

4. Définition des critères de choix des sujets d'investigation.

5. Choix de sujets et discussion.

6. Regroupement éventuel des sujets pour un choix définitif.

Découverte : reconnaître et apprécier les ressources

Qu'est-ce que c'est ?

Si l'étape « Définition » est déterminante pour donner une orientation positive, claire et stimulante au projet, la phase « Découverte » occupe une place centrale dans le processus d'AI. C'est en effet au cours de cette phase que sont recueillies toutes les informations permettant de découvrir le socle positif, les sources d'énergie, à partir desquels bâtir le projet.

Lors des échanges de découverte, les participants recherchent, dans leur vie professionnelle propre et dans celle de leurs collègues, les moments forts, ceux dans lesquels ils se sont sentis engagés et fortement contributifs. Ils sont invités à raconter les histoires les plus significatives à leurs yeux, les expériences réussies ou les succès qu'ils ont partagés. Ils s'interrogent également sur leur contribution personnelle, les compétences et les ressources qu'ils ont mises en œuvre et qui ont rendu spécifique leur apport lors des expériences remémorées. Ils reprennent ainsi contact avec leurs sources de satisfaction et de motivation au travail, et les émotions positives qu'elles ont engendrées.

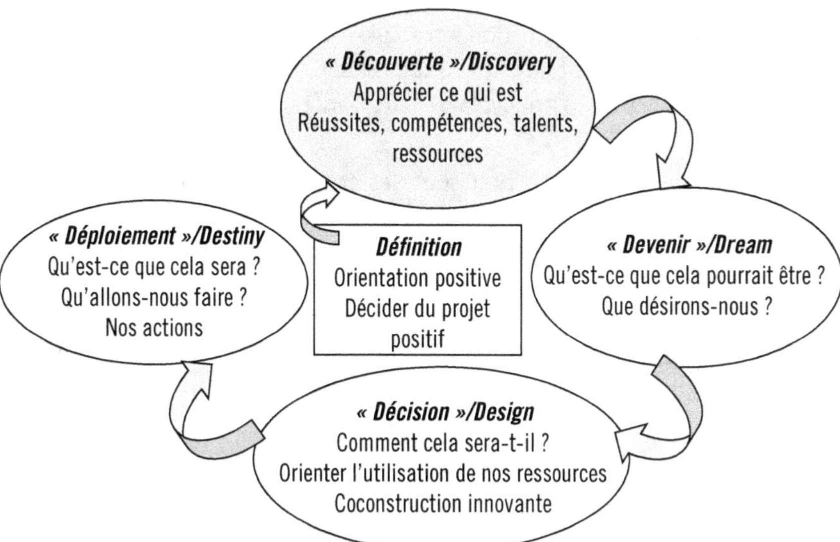

À l'issue de cette phase, l'organisation est en mesure de reconnaître ses ressources, par rapport au projet en cours, ce qui lui donne vie : le noyau positif sur lequel elle peut se fonder.

Qui est concerné ?

Dans *toute* la mesure du possible, *toutes* les personnes concernées par le projet participent à cette phase :

- tous les cadres présents dans la convention ;
- le service ou le département entier ;
- toutes les personnes acceptant de répondre au questionnaire quand il s'agit d'un projet touchant l'ensemble d'une entreprise ou une communauté territoriale, par exemple.

Comment cela se passe-t-il ?

La communication

Un rappel introductif du projet par le responsable est essentiel dans la phase de découverte qui réunit, le plus souvent pour la première fois (lors d'un *team building* ou d'une convention, par exemple), tous les participants.

Une présentation brève de l'approche est effectuée par un intervenant exté-rieur qui apporte son expertise ; elle peut être coanimée avec certains membres du groupe de pilotage dont le rôle est précisé. Elle porte sur la définition de l'AI, ses présupposés et les différentes étapes de la démarche (les 5 D, par exemple). Cette présentation doit être aussi succincte que possible afin de permettre aux participants d'entrer rapidement dans le processus. On peut, par exemple, n'exposer les principes de l'AI qu'après les interviews, voire ne pas les exposer du tout.

L'organisation de la phase est précisée : des entretiens en duos suivis par des phases de regroupement pour le partage des expériences et l'identification du « noyau positif » de l'entreprise (ces points seront détaillés plus loin).

Le guide d'entretien

Celui-ci a été créé par le groupe de pilotage lors de sa formation avec l'aide des consultants externes accompagnant la démarche. Il peut être testé auprès de quelques personnes avant d'être utilisé avec tous.

Afin de déclencher l'évocation d'expériences positives, le guide doit com-prendre :

* une présentation générale du projet, du sujet de l'investigation (sur lequel l'organisation a déjà communiqué – cf. plus haut – de façon que le contexte des interviews soit clair) ;

* une introduction à chaque question permettant de comprendre son intérêt par rapport au projet ;

* des questions appréciatives sur chaque thème qui s'inspirent des quatre questions de base de l'AI. Il est préférable de ne pas dépasser dix à quinze questions au total afin de ne pas alourdir la séquence.

Les entretiens en duos

L'objectif des entretiens

Il s'agit, à partir du guide d'entretien, de conduire des interviews croisées par deux (A interviewe B qui, à son tour, interviewe A) pour identifier les talents, ressources et réussites (au travers de récits) correspondant au projet.

La conduite de l'entretien

Elle est préparée par une rapide information des interviewers auxquels on demande :

* d'adopter une attitude d'accueil des expériences de l'interviewé ;

* de se focaliser sur les réussites, les succès ;

- de rechercher les faits, les expériences vécues ;
- de reformuler et relancer sur ce qui donne vie et force à l'expérience (avec les mots de l'interviewé) ;
- de prendre des notes précises.

L'interviewer se prépare ainsi à :

- restituer faits, récits et expériences ;
- partager ce qui l'a le plus marqué dans l'entretien.

Le travail en duos, l'un des points clés de la réussite du processus

Il offre en effet un cadre très favorable à l'expression de tous : nombreuses sont les personnes qui ne sont pas habituées à prendre la parole dans de grandes assemblées mais qui à deux ou en petit groupe partagent volontiers leur expérience.

Le fait d'être à deux, quand une convention ou une réunion d'équipe porte sur un projet ou un changement à venir, est réducteur d'anxiété et crée un confort de relation propice au recueil d'informations sur les réussites et les ressources. En outre, l'alternance des rôles – interviewer et interviewé – a un impact très riche sur chacun.

En effet :

- en situation d'interviewée, la personne vit une expérience agréable et inté-ressante, car elle se rappelle des épisodes positifs de sa vie professionnelle et éprouve ainsi des émotions heureuses ;
- en situation d'interviewer, elle se concentre sur son ou sa partenaire et s'at-tache à rechercher avec lui ou elle le cœur de son expérience. Pour cela, elle utilise l'écoute active, ce qui a une double valeur d'apprentissage : apprendre à reformuler pour faire exprimer l'information utile, d'une part, et établir une relation de travail constructive avec son ou sa collègue, d'autre part.

C'est ainsi que le processus AI, dès cette phase, a une valeur exemplaire : les participants peuvent, par exemple, généraliser le comportement qui leur est demandé à d'autres situations professionnelles.

La durée des entretiens

Elle est comprise entre 1 h 30 et 2 heures : les participants ont en général besoin de 30 à 45 minutes pour évoquer leurs expériences, et de 5 à 10 minutes pour préparer la restitution.

La feuille de restitution

Il est important de fournir un cadre pour la restitution des contenus des entretiens. Les interviewers sont invités à prendre des notes précises afin de retenir les expériences concrètes, les récits de leurs collègues. Il n'est cependant pas envisageable, sous peine d'alourdir considérablement les échanges, de rapporter tous les détails.

Les questions ci-dessous, qui composent la feuille de restitution, ont pour but de faciliter le choix des données à partager en sous-groupes, les interviewers étant invités à prendre quelques minutes, à la fin de l'entretien, pour y répondre.

- Quels sont les points clés à noter? Quelles sont les histoires les plus significatives?
- Quelles furent les pratiques, ressources et compétences spécifiques que vous avez notées?
- Qu'est-ce qui induit de l'énergie positive et apporte vie à l'entreprise?
- Quels sont les souhaits entendus dans les interviews? (Les informations notées dans cette rubrique seront utilisées dans la phase «Devenir».)

Le travail en petits groupes

Il sert à partager, en groupes de six à huit personnes, les expériences évoquées en duos, puis à préparer une synthèse, nourrie d'exemples précis, pour tous. Ces sous-groupes, dans le cas où tous les participants sont regroupés pour la phase «Découverte», suivent immédiatement les entretiens; ils peuvent être organisés à d'autres moments si les entretiens ont été conduits dans un cadre différent.

Le travail est conçu de façon que chaque interviewer puisse rapporter ce que lui a dit son ou sa collègue. Les questions portent exclusivement sur la compréhension de ce qui est dit, dans le but de recueillir le maximum d'informations sur le cœur de l'expérience de la personne. Pour cela, il est nécessaire de proposer des rôles au sein du groupe de travail.

Voici quelques rôles possibles:

- l'animateur s'assure que chaque personne qui veut s'exprimer peut le faire librement en fonction du temps disponible. Il reformule, relance, résume, montre les avancées du groupe...;
- l'organisateur veille à ce que les temps soient respectés;
- le secrétaire de séance écrit les informations sur un *paperboard* ou des *slides* pour rétroprojecteur, ou une diapositive PowerPoint si un ordinateur portable est disponible;
- le rapporteur exprime les résultats du groupe en séance plénière.

*Le travail en grand groupe pour identifier le « noyau positif »
de l'organisation*

Les entretiens ont permis de recueillir les expériences positives de tous les participants, celles-ci ont été partagées en sous-groupes afin d'en extraire les points partagés et les éléments les plus significatifs. En grand groupe, des rapporteurs du travail effectué en petits groupes présentent ces éléments. Ceux-ci sont retenus selon des modalités définies avec le comité de pilotage : prise de notes par des membres du comité de pilotage, feuilles de notes préformatées et recueillies ensuite, présentations PowerPoint, etc.

Des échanges ont alors lieu afin de commenter les différentes contributions, d'ajouter des éléments sur ce qui donne vie à l'organisation. Il ne s'agit pas ici d'effectuer un choix entre les apports, mais plutôt d'additionner les sources d'énergie, les richesses et les ressources de l'organisation. Ce sont elles qui constituent le « noyau positif ». Le contenu des échanges est reformulé et transmis à tous : ce peut être le travail du groupe de pilotage, de certains participants volontaires ou des animateurs externes.

Le document ainsi produit est à la fois une synthèse qui donne une idée d'ensemble des facteurs de réussite, mais aussi des aperçus vivants, nourris d'exemples concrets de la vie de l'entreprise.

Un exemple de guide d'entretien

Voici la présentation d'un thème de travail et les questions, extraits d'un guide d'entretien portant sur un projet de développement de l'efficacité collaborative d'une direction d'un grand groupe, 80 personnes étant réunies pour les interviews deux à deux.

Le thème : prendre du recul et se donner le temps de réfléchir sur son propre travail, développer son état d'esprit coopératif, inscrire son action dans la durée, choisir les bons outils pour les bonnes tâches.

Dans un contexte général, où l'urgence prend souvent le dessus sur la réflexion et la collaboration, favorisant l'action à court terme par rapport à l'action dans la durée, trouvons des axes d'amélioration pour mieux travailler ensemble, être plus efficaces, utiliser les outils adaptés et accorder plus de temps à la réflexion sur notre propre activité et sur le long terme.

1. Décrivez une période de votre vie professionnelle dans laquelle vous avez fait face à la charge de travail, au stress, à la pression, avec succès, en prenant du recul, et ressenti une profonde satisfaction.

2. Quels sont les qualités, la bonne utilisation des outils et le choix des méthodes qui vous ont permis de prendre du recul, de réfléchir sur votre propre travail et de bien collaborer avec les autres ?

3. Quand vous parvenez à prendre du recul, à réfléchir sur votre propre travail et à bien collaborer avec les autres, qu'est-ce qui vous procure le maximum de plaisir, de satisfaction ?

4. Quels sont les trois souhaits que vous formuleriez pour appréhender ces situations, prendre du temps pour la réflexion et mieux travailler en équipe ?

Un exemple de consignes pour la phase « Découverte »

Ces consignes sont précisées dans un livret remis à chaque participant. Elles précisent le déroulement de la matinée de travail aux 80 participants.

1. Interviews croisées en duos : 1 h 30

Interview (durée = 40 minutes) : pour chacun des 5 thèmes, posez les 4 questions à votre partenaire. Prenez des notes sur papier libre

Résumé (durée = 10 minutes) : puis, à la fin, chacun fait le résumé de l'interview qu'il a conduite (cf. feuilles de résumé fournies en annexe)

Chacun garde ses feuilles de résumé pour la phase suivante « Devenir ».

Conduite de l'interview :

* adopter une attitude d'accueil des expériences de l'interviewé ;
* focaliser et relancer sur les réussites, les succès ;
* rechercher les faits, les expériences vécues ;
* reformuler et relancer sur ce qui donne vie et force à l'expérience (avec les mots de l'interviewé) ;
* prendre des notes précises ;
* se préparer à :
  – une restitution factuelle,
  – partager ce qui vous a le plus marqué dans l'expérience.

2. Travail en sous-groupes : 45 minutes

Échange en sous-groupes de 6 à 8 personnes (3 à 4 duos) pour identifier le « noyau positif de l'expérience » :

* restituer les points clés des expériences ;
* collecter tous les facteurs de réussite révélés par ces expériences ;
* regrouper les facteurs de réussite par affinités ;

* évoquer les souhaits (pas de restitution lors de cette phase) :
  - un facilitateur,
  - un rapporteur,
  - un garant du temps.

La restitution se fait sur le modèle des feuilles de résumé.

3. Présentation, par les rapporteurs, à l'ensemble des participants, d'une expérience forte : 40 minutes

Un exemple de feuille de résumé

Cette feuille était incluse dans le livret des participants.

* Les histoires et expériences les plus significatives en termes de réussite, de succès, faits marquants.
* Les meilleures pratiques, compétences, ou les savoir-faire spécifiques.
* Ce qui est particulièrement motivant dans le fait de travailler dans la direction.
* Ce qui produit de l'énergie positive et apporte vie à l'entreprise.
* Les souhaits entendus dans les interviews. Ce que la personne interviewée désire le plus quant à l'avenir du travail collaboratif.

Un exemple d'éléments recueillis lors de la phase « Découverte »

Une grande entreprise identifie des piliers forts de sa réussite et les regroupe dans les rubriques suivantes :

* management : formalisation et modernisation des différents aspects du management, valorisation et encouragement du personnel, etc. ;
* professionnalisme : fortes compétences, formation continue et amélioration des compétences (par exemple, sur les nouvelles technologies), autonomie des unités opérationnelles en matière d'investigation technique, etc. ;
* stratégie et développement : la conquête du marché international de proximité, la mise en œuvre de la diversification autour du métier principal, etc. ;
* satisfaction client : une quête continue visant à satisfaire le client et l'aider à mieux exprimer ses besoins, la diminution de délais d'intervention au national pour attaquer les marchés internationaux 24 heures sur 24, etc. ;

- qualités professionnelles et implication : l'attachement à la société et à son avenir, la rigueur, le sang-froid, la volonté et le défi, la synergie et le travail de groupe, l'esprit d'initiative, la compétitivité intra et extra-entreprise, l'anticipation, l'échange et la communication à tous les niveaux, etc. ;

- qualité totale et organisation : les certifications internationales, la capacité de l'entreprise à s'adapter aux différentes mutations (nouvelles normes de qualité), etc. ;

- social et citoyenneté : l'entreprise « citoyenne », l'organisation du travail et la recherche des compromis avec les partenaires sociaux, un climat social motivant.

Une autre entreprise identifie un des piliers de sa réussite (cf. l'exemple de guide d'entretien, thème 1) : la capacité à prendre du recul au quotidien. Voici deux récits correspondant et les composantes plus précises de ce facteur de succès :

- « J'ai réussi à recadrer un projet de développement difficile, au planning irréaliste. »

Points clés :

- prise de recul importante, alors même que la pression ne s'y prêtait pas ;

- décisions courageuses de « perte de temps » pour mettre en place un outil permettant de gagner du temps par la suite.

- « J'ai repris mon poste en quatre cinquièmes de temps après un congé de maternité dans un contexte de réduction d'effectifs. »

Points clés :

- bonne hiérarchisation des tâches (priorités) avec mon manager ;

- centrage de mon activité sur l'important et pas l'urgent.

La capacité des personnes à prendre du recul s'exprime ainsi :

- planification des activités ;

- gestion de ses priorités ;

- identification des rôles de chacun ;

- répartition des tâches ;

- utilisation des acquis d'une formation à Outlook ;

- avoir su se donner une vision globale ;

- situer son travail dans le processus ;

- savoir se réserver des plages de réflexion.

1. Communiquer sur la conduite de l'exploration : rappel du projet, l'étape en cours, les étapes suivantes, le déroulement de la phase «Découverte».

2. Communiquer les résultats de l'exploration des sources d'énergie de l'entreprise.

3. Informer les participants sur la conduite des entretiens et leur rôle aux différentes étapes.

4. Conduire les entretiens en duos.

5. Échanger sur les expériences positives en sous-groupes.

6. Identifier le «noyau» positif de l'organisation.

Devenir : rêver enfin

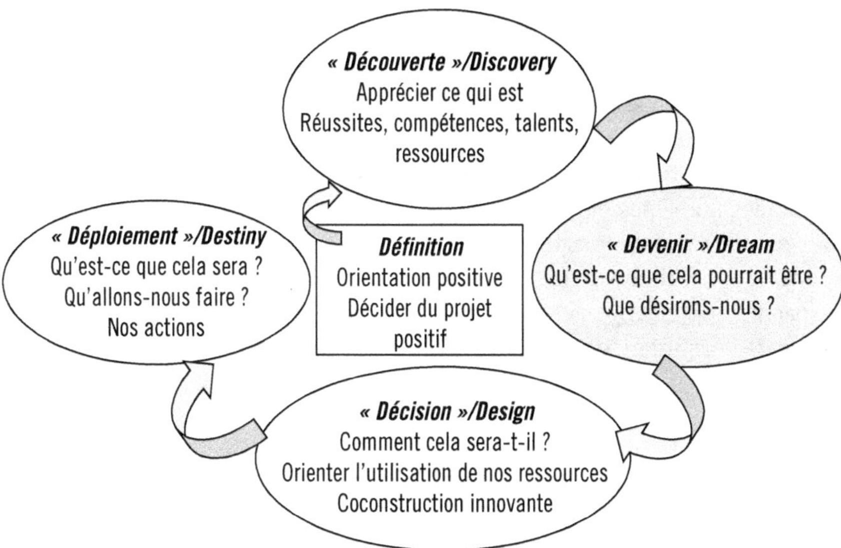

Qu'est-ce que c'est ?

La phase «Découverte» a permis d'apprécier ce qui donne vie à l'organisation, et donc de disposer d'éléments solides pour la réussite du projet. La phase «Devenir» *(Dream)* consiste à oser rêver l'avenir le plus désirable pour l'organisation, à imaginer un futur dans lequel chacun pourra se projeter. Elle permet d'envisager comment amplifier les facteurs de succès, la dynamique de réussite de l'entreprise, elle fonde donc «ce qui pourrait être» sur ce qui est déjà et que l'on apprécie.

C'est lors de cette phase que le pouvoir attractif des images se concrétise le plus clairement: les personnes qui se représentent un avenir hautement désirable seront tentées d'agir dans le sens de ce désir. Une perspective positive éclaire et ordonne le présent. Elle suppose que chacun ose sortir de ses habitudes mentales pour imaginer des façons de travailler nouvelles, des actions audacieuses, et se donner de nouvelles ambitions... Elle élargit également le champ de vision: ainsi, la contribution d'un établissement social qui s'occupe d'enfants en difficulté ne consiste plus seulement à accueillir au mieux les enfants, mais aussi à proposer dans sa région des expériences de référence en matière de prise en charge...

La phase «Devenir» est préparée lors des entretiens en duos qui comprennent des questions portant sur les espoirs, les souhaits, les rêves de développement de l'organisation et, pourquoi pas, de son environnement. Ce sont les réponses à ces questions qui serviront de base aux échanges sur le rêve et à la construction d'une vision partagée du futur.

Nous avons par exemple conduit une mission consistant à permettre aux 80 cadres d'une caisse de retraite de préciser leurs valeurs managériales et d'en tirer les conséquences pour la refonte de leur outil d'appréciation de leur action. Notre chef de projet était la responsable du développement des ressources humaines et elle s'impliqua fortement dans la réalisation de cette mission. Cette dernière atteignit son objectif à la satisfaction de tous et nous voguâmes vers d'autres cieux. Plusieurs mois plus tard, nous apprîmes que la démarche appréciative avait été poursuivie dans la caisse, sans nous, au sein même de la direction des ressources humaines qui l'avait utilisée pour redéfinir son projet de service.

Qui est concerné?

C'est l'affaire de tous car il s'agit, relativement aux orientations définies pour le projet, de partager la vision du devenir de l'entreprise. Plus nombreux seront les participants, plus puissant sera l'impact d'une vision du futur et plus forte sera la référence aux images de l'avenir pour décider des actions présentes et les organiser.

Lors de cette phase, il est intéressant de prendre l'avis de personnes extérieures, telles que des clients, des partenaires, des bénéficiaires des services de l'entreprise, qui sauront également faire part de leurs souhaits. Il n'est pas toujours possible de réunir toutes ces personnes dans une seule salle en même temps ; dans ce cas, des interviews réalisées «en différé», des contributions filmées ou des messages écrits, par exemple, peuvent être utilisés pour enrichir le travail.

Comment cela se passe-t-il ?

Les questions «Devenir» lors des interviews

Elles sont le plus souvent posées lors des interviews réalisées dans la phase «Découverte». Elles correspondent à la quatrième des questions génériques de l'AI :

- Quels sont les trois vœux que vous feriez pour le développement de votre organisation et sa vitalité... ?
- Imaginez que vous vous êtes endormi pendant une longue période ; vous vous réveillez et l'entreprise fonctionne comme vous l'avez toujours rêvé. Que voyez-vous ? Que faites-vous ? Comment cela se passe-t-il ?

Le rôle de l'interviewer est, ici encore, essentiel car il s'agit de permettre à la personne interviewée de se sentir suffisamment à l'aise pour oser exprimer ses souhaits les plus chers, en se focalisant sur ce qu'elle désire vraiment et non sur la frustration qu'elle éprouve en n'étant pas pleinement satisfaite.

C'est le moment précis où les participants expriment de façon positive, et non revendicative, ce qu'ils désirent pour leur entreprise, pour eux-mêmes et pour leurs clients, par exemple. On demande souvent ce que l'AI fait des aspects négatifs : c'est dans la phase «Devenir» que se trouve avant tout la réponse. Celle-ci permet aux personnes de prendre conscience des attentes ou des souhaits non réalisés qui sont sous-jacents à leurs perceptions et émotions négatives. Cette phase opère donc une forme d'alchimie psychologique.

Le travail en sous-groupes

Quand on aborde la phase «Devenir», les interviews en duos ont le plus souvent été réalisées. Le travail consiste alors à échanger, en sous-groupes de six à dix, à partir des souhaits recueillis dans les interviews et soigneusement consignés par chaque interviewer dans sa feuille de restitution.

Chacun évoque donc les souhaits et rêves de la personne qu'il a interviewée ; celle-ci peut bien sûr préciser si elle le souhaite. Le groupe est invité à accueillir de façon bienveillante les différentes visions, à les approfondir pour commencer à identifier des thèmes communs.

Retenir les souhaits partagés, regrouper des rêves proches est la tâche du groupe qui prépare un rapport pour l'ensemble des participants. Plus les présentations sont créatives et ludiques et plus elles s'inscrivent dans l'esprit de cette phase : nous invitons donc chaque groupe à réaliser un dessin coloré de leur rêve commun, à imaginer des slogans forts, à rédiger un petit texte évocateur, ou encore à mettre en scène un jeu de rôles…

Lors d'un séminaire, il est intéressant de disposer d'un espace suffisant pour que tous les participants se déplacent vers les groupes qui présenteront leur rêve, plutôt que d'avoir une succession de présentations à la tribune… La mise en place peut être facilitée par une activité « énergisante » : une marche dans la campagne si l'on se situe dans le cadre d'un séminaire résidentiel, des activités d'initiation à un sport, des exercices physiques énergétiques empruntés aux arts martiaux, des jeux de visualisation créative…

Le travail en grand groupe pour identifier le rêve commun

Le travail en sous-groupes a permis le regroupement en thèmes des différents rêves et souhaits individuels. Avec l'expression du rêve des sous-groupes, tous les participants se représentent les différentes facettes des souhaits qui s'avèrent, à l'expérience, au sein d'un grand groupe de personnes (par exemple 80 ou 100 participants à un séminaire), largement partagés.

Pour retenir le rêve commun, il suffit donc de provoquer un échange libre et parfois de trouver une phrase clé qui se trouve illustrée par l'ensemble des travaux de groupes (images, textes…). Il est également possible d'organiser un vote ludique, annoncé en amont, pour créer une émulation entre les groupes, en distribuant, par exemple, un nombre défini de pastilles de couleurs à chacun qui les collera sur les productions qui lui conviennent le mieux. La proposition retenue peut être enrichie par les échanges entre participants et, une fois définitivement validée, elle exprimera le rêve commun.

Exemples de questions « Devenir »

Projetez-vous trois ans en avant dans le futur. Nous sommes en 2014. Votre rêve s'est réalisé.

- Que voyez-vous ? Qu'est-ce qui se passe ?
- Comment cela est-il arrivé ? Qu'est-ce qui a rendu cela possible ?
- Qu'est-ce qui fait vivre cette vision (leadership, organisation, communication, formation, procédures, etc.) ?

- Qu'est-ce que vous appréciez tout particulièrement dans cette vision ?
- Comment est-ce que cette vision produit des résultats positifs et de la réussite ?

Exemples de consignes de travail

À partir de la question 4 des interviews, regroupez en grands thèmes les souhaits et rêves exprimés :

- Qu'est-ce que nous avons retenu ?
- À quoi ressemble le futur que nous souhaitons ? Comment le reconnaîtrons-nous ?

Imaginez *comment* ce peut être, idéalement, d'être efficace et de travailler ensemble :

- en vous appuyant sur les piliers de la réussite mis au jour dans la phase « Découverte » ;
- à partir des grands thèmes que vous venez de partager.

Quels sont pour vous les images, les slogans donnant le plus de dynamique et ayant potentiellement l'impact le plus fort sur l'évolution de la direction… ?

Présentation – exprimez le devenir imaginé par votre groupe par :

- un dessin ;
- un slogan ;
- une phrase d'explication.

Rôles dans le groupe :

- un facilitateur ;
- un rapporteur ;
- un garant du temps.

Durée : 1 h 30

La phase « Devenir » lors d'une convention annuelle d'une grande entreprise

Cette intervention a été relatée dans le journal interne de l'entreprise.

« L'objectif de cette phase du travail est de permettre l'expression des souhaits et des rêves de chacun concernant le devenir de l'entreprise. C'est une

étape stimulante dans laquelle les participants expriment leurs vœux les plus chers et ce sur quoi ils sont prêts à s'investir ensemble.

Sans une vision positive de leur avenir, il a été montré que les sociétés déclinent; au contraire, avec des ambitions fortes, elles déploient une énergie considérable pour se développer.

Lors de la convention, elle s'est d'abord réalisée en sous-groupes (par tables) pour mettre en commun les éléments de vision positive du futur pour l'entreprise, issus des réponses aux questions posées dans les entretiens.

Les membres de chaque table se sont rapidement aperçus qu'ils partageaient, pour l'essentiel, la même vision de l'avenir de l'entreprise.

Les consultants leur ont demandé de l'exprimer d'une manière créative : sous forme d'un dessin, d'un slogan et d'une brève phrase d'explication.

Les productions ainsi réalisées ont été affichées sur un grand panneau, et un vote (avec peut-être parfois un peu plus de bulletins qu'attendu, ce qui traduisait la passion de certains pour leur vision !) a eu lieu.

En pratique, l'échange collectif a permis de regrouper les différentes visions, d'aboutir au rêve partagé, condition indispensable pour qu'une société se bâtisse un avenir positif.

Quel est ce rêve? "Notre société rayonnant à l'échelle mondiale dans une perspective de développement durable." »

LES DIFFÉRENTES ÉTAPES DE LA PHASE « DEVENIR »

1. Réfléchir à partir des réponses aux questions « Devenir » : la dernière question des entretiens ou la partie du questionnaire consacrée au *devenir* ; une nouvelle question donnant lieu à de nouveaux entretiens en duos.

2. Échanger sur le rêve : échanger librement sur les différentes contributions ; groupes de six à dix au maximum.

3. Partager un rêve commun : faire émerger une image commune pour le futur à partir de questions comme : qu'est-ce que vous avez retenu ? À quoi ressemble le futur que nous souhaitons ? Comment le reconnaîtrons-nous ?

4. Présenter et « mettre en scène » le rêve : présenter de la façon la plus créative possible le rêve partagé par le groupe (visuels, jeux…).

5. Déterminer des thèmes communs en grand groupe : créer une carte collective pour le rêve…

Décision : organiser le changement

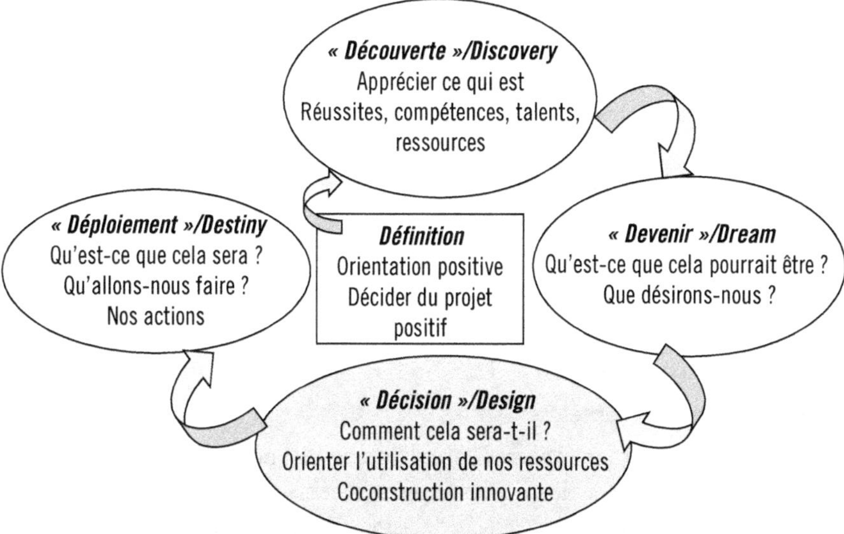

Qu'est-ce que c'est ?

Quand on aborde la phase «Décision» *(Design),* on dispose d'informations sur les sources d'énergie et de réussite de l'entreprise, et on se représente le rêve partagé, c'est-à-dire ce vers quoi tend l'organisation ou l'équipe.

Il s'agit maintenant, en prenant appui sur les ressources et dans la perspective de réaliser le rêve commun, de créer l'architecture sociale et/ou technique des changements envisagés.

On entend par architecture sociale :

- la réflexion sur les fonctions et les rôles de chacun, le fonctionnement en équipe, les communications… ;
- la structure de l'organisation : services, équipes ;
- le mode de management : participation, délégation, encouragement de l'initiative et de l'autonomie ;
- les valeurs de base de l'entreprise qui ont pu être identifiées lors de la phase «Découverte» et que l'on peut réactualiser.

L'architecture technique désigne :

- les processus de travail propres à l'entreprise : par exemple, pour une équipe commerciale, le recueil des besoins auprès des clients, l'analyse des besoins, l'argumentaire, le traitement des objections, la proposition ;

- les technologies utilisées : un logiciel de gestion de données, par exemple.

Les participants sont invités à émettre des propositions à fort impact sur de grands thèmes d'action :

- management ;
- communication interne ;
- systèmes et outils ;
- personnel ;
- savoir-faire ;
- services ;
- environnement ;
- processus commerciaux ;
- relations avec la clientèle...

Cette phase se situe à mi-chemin entre la vision qui, par définition, est globale et l'action concrète qui, elle, doit être précise et spécifique. On réfléchit alors en termes de domaines d'action, de décisions importantes à prendre afin que le rêve devienne réalité. C'est la raison pour laquelle nous traduisons *design*, qui signifie « conception », « élaboration », par « décision ».

Qui est concerné ?

C'est encore l'affaire de tous ! Lors d'un séminaire ou d'une convention d'entreprise, par exemple, tous les participants émettent des propositions qui seront débattues par la suite. Il est clair que plus les personnes contribuent à l'élaboration des propositions d'organisation ou d'action, plus elles s'engageront dans leur mise en œuvre.

Cependant, parfois, la phase « Décision » peut continuer au-delà du séminaire et être confiée à un comité *ad hoc*. Celui-ci aura pour tâche de concevoir les changements envisagés afin de les proposer aux autres membres de l'organisation. Il est préférable, dans une telle hypothèse, de privilégier la diversité professionnelle au sein du comité et de rechercher l'apport de personnes – consultants internes, responsables fonctionnels... – habitués à traiter des changements d'organisation.

Comment cela se passe-t-il ?

Les participants auront à émettre des propositions à fort impact, en petits groupes lors d'un séminaire, par exemple, puis à les soumettre à leurs collègues.

Les propositions feront l'objet d'un choix après discussion, et les plus pertinentes aux yeux du plus grand nombre seront retenues.

Les caractéristiques d'une proposition à fort impact

Elle établit le lien entre ce qui est et ce qui pourrait être, entre les sources d'énergie de l'entreprise, ses ressources et la vision partagée. Elle remet en question le *statu quo*, va au-delà des habitudes, de la routine, et propose un renouvellement des pratiques, voire des apprentissages nouveaux pour l'organisation. Elle est stimulante, donne envie d'agir, désirable, car on en perçoit les bénéfices.

Elle est positive et audacieuse, elle exprime ce que l'on veut vraiment sur le sujet. Elle correspond à des possibilités de développement accessibles, est atteignable et réaliste. Elle permet le maximum de participation, engage des acteurs différents.

Exemple de l'expression d'une proposition

Voici une façon de structurer une proposition :

- Orientation/axe choisi : « .... »
- Descriptif de ce que nous voulons « .... » :
  - illustration concrète a ;
  - illustration concrète b ;
  - illustration concrète c ;
  - indicateur de réussite (mesurer ou constater quoi ?).

Exemple de proposition :

Thème : « Information des clients et gestion des connaissances »

Nous offrons à nos clients une information en temps réel. Information en temps réel = professionnalisme…

Notre système de gestion des connaissances permet à chacun :

- d'avoir accès à toutes les informations dont il a besoin ;
- de se constituer une base de données comprenant les informations utiles et les meilleures pratiques ;
- de partager avec les collègues…

Les domaines de décision

Nous avons déjà évoqué plus haut ce que recouvrent les termes «architecture sociale et technique»: ce sont les éléments constitutifs de la «construction» que l'on nomme entreprise, établissement ou service.

Il existe différents modèles pour décrire une organisation, ils peuvent servir de trame au travail des sous-groupes. Le modèle McKinsey des 7 S propose, par exemple, différents éléments permettant de décrire de nombreuses organisations.

Ces sept éléments sont:

- la stratégie: quelles orientations l'entreprise prend-elle au regard de son marché et de la concurrence?

- la structure: la spécialisation des postes de travail, le regroupement des unités par fonction ou par marché, la centralisation ou la décentralisation des décisions, etc.[1];

- les systèmes: le fonctionnement de l'organisation, ses procédures, ses communications internes;

- la gestion du personnel (staff): le recrutement, l'administration du personnel, la gestion prévisionnelle des emplois et des compétences, la formation... ainsi que le suivi social et humain de l'entreprise;

- le style de management: les comportements des managers (de la directivité à la délégation, par exemple), les préconisations de la direction de l'entreprise en matière de management;

- les services et savoir-faire: ce que l'entreprise apporte de spécifique sur le marché, sa valeur ajoutée;

- les objectifs partagés *(subordinate goal et shared values)* et les valeurs présentes dans l'entreprise et qui composent son identité.

Les domaines de décision ne sont pas, toutefois, toujours aussi vastes: on peut ainsi demander à une petite équipe ou à des professionnels très spécialisés de se focaliser sur un thème de changement précis, relevant de leur domaine de compétence. La question est alors: quelle contribution particulière pouvez-vous apporter à la réalisation de nos souhaits?

---

1. Pour plus de détails sur la structure des organisations, voir Henry Mintzberg, *Structure et dynamique des organisations*, Éditions d'Organisation, 1998.

La création de propositions à fort impact

Issue des phases précédentes, elle repose souvent sur la traduction concrète des rêves et l'amplification ou l'extension de ce qui fonctionne bien dans l'entreprise. Elle peut aussi être inspirée par l'organisation ou le fonctionnement d'une autre entreprise. Il est ainsi possible de conduire une enquête appréciative dans une société qui, dans un domaine proche et non concurrent, est une référence en termes de qualité et de notoriété. C'est bien sûr le principe du *benchmarking* (s'inspirer des réussites d'une autre entreprise), mais aussi et surtout celui de la métaphore.

Une intervention fondée sur la métaphore[1]

Frank. J. Barrett et David L. Cooperrider[2] montrent ainsi comment une intervention fondée sur la métaphore a pu libérer un groupe de ses conflits et d'attitudes défensives : ils invitèrent ce groupe – travaillant dans une société offrant des prestations d'hôtellerie « médicalisée » à des personnes âgées et à leurs familles – à enquêter auprès d'une société d'hôtellerie, à la vocation différente, reconnue pour son excellence.

Le questionnement positif d'autres professionnels, les ressources repérées, les idées glanées, engendrèrent un nouveau dialogue dans l'entreprise et libérèrent les tensions.

Au terme de ces échanges, le groupe fut capable d'émettre des propositions originales et audacieuses.

La combinaison de l'*Appreciative Inquiry* et de la métaphore offre sans doute nombre de perspectives inexplorées, notamment pour la résolution de conflits.

---

1. La métaphore, très utilisée par les thérapeutes comportementalistes à la suite de Milton Erickson, consiste à raconter au patient une histoire analogue à la sienne afin qu'il puisse y projeter son propre problème et trouver des solutions pour le résoudre. *Cf.* Jacques-Antoine Malarewicz, *La Stratégie en thérapie ou l'Hypnose sans hypnose de Milton H. Erickson*, ESF, 1988.
2. Frank. J. Barrett et David L. Cooperrider, « Generative Metaphor Intervention : a new approach for working with systems divided by conflicts and caught in defensive perception », in *Appreciative Inquiry. An Emerging Direction for Organization Development*, David L. Cooperrider, Peter F. Sorensen Jr., Therese F. Yaeger et Diana Whitney (editors), Stipes Publishing L.L.C, 2001.

Le travail en sous-groupes

L'objectif est d'échanger en sous-groupes à partir de la vision partagée (phase «Devenir») afin d'orienter l'utilisation des ressources et des talents pour concevoir des organisations ou des fonctionnements adaptés.

Les sous-groupes s'organisent de la même façon que lors des phases précédentes et rédigent des propositions qui seront ensuite présentées à tous par un rapporteur.

Le travail en grand groupe

Après présentation par les rapporteurs, un échange général permettra de mieux comprendre le sens de chaque proposition, de regrouper celles qui peuvent l'être ou encore de reformuler certaines d'entre elles. L'animateur peut effectuer ce travail au *paperboard* et ainsi aider le groupe à parvenir à un consensus.

Si un accord n'intervient pas, il est possible d'attribuer un certain nombre de points à chaque participant qui les répartira sur les différentes propositions notées au *paperboard*. Les propositions ainsi retenues seront considérées comme prioritaires, les autres pouvant être mises en œuvre ultérieurement.

Exemple de consignes de travail pour la phase « Décision »

Dans ce cas, 80 personnes participant depuis le début à la démarche ont été réunies, puis réparties en huit groupes de travail.

- Introduction de l'animateur de la session :

  Il nous faut maintenant définir le cadre du changement. Quel(s) chemin(s) prendre pour aller :

  – d'aujourd'hui et maintenant,

  – vers notre vision partagée,

  – en nous appuyant sur nos piliers de la réussite.

- Consignes données pour le travail en sous-groupes

  Chaque sous-groupe :

  – choisit les axes du changement qui lui paraissent prioritaires ;

  – construit deux propositions à fort impact pour l'atteinte de la vision partagée avec un facilitateur, un rapporteur et un garant du temps.

  Le pilote du groupe prépare le compte rendu pour le groupe pilote :

  – les propositions à fort impact du groupe ;

– ce qui est immédiatement applicable ;

– ce qui demanderait un développement complémentaire ;

– les résultats attendus ;

– les indicateurs de la réussite (mesurable).

Les questions à se poser :

– Quelles seraient, selon vous, les priorités à mettre en œuvre ?

– Comment faire simple et efficace ?

– Quelles recommandations faites-vous ?

– Quels rôles pour chacun ?

– Que peut-on faire différemment pour réaliser nos ambitions ?

– Dans quels domaines (communication, management, organisation, formation, outils…) ?

– À quoi saurons-nous que nous avons réussi ?

Premier exemple de proposition

Axe : optimisation du temps de travail en commun.

Ambition : « Nos réunions sont efficaces, avec des objectifs prédéfinis et atteints ».

Illustrations : « Les bonnes pratiques » et « les outils » :

- définition du type des réunions (Information/Réflexion/Production/Décision ou réunion nécessitant un compte rendu : OK/Non OK) ;

- évaluation de chaque réunion (objectifs atteints : OK/Non OK) ;

- utilisation des moyens de communication les plus appropriés (audio et vidéo-conférence, outils réseau…) ;

- création dans Outlook des formulaires pour chaque type de réunion :

  – formulaire d'invitation, avec ordre du jour (description de chaque objectif à atteindre, liste des participants, ce que chacun doit préparer…),

  – formulaire de compte rendu (liste des présents, compte rendu synthétique pour chaque objectif de la réunion, actions à mener, par qui et pour quand…),

  – boutons d'évaluation de la réunion par chaque participant.

Indicateurs :

- taux de satisfaction (indicateur mensuel global, à partir des votes) ;

- nombre moyen de personnes invitées par type de réunion ;

- nombre de réunions par nombre de personnes (histogramme).

Second exemple de proposition

Axe : prise de recul/partage et réutilisation.

Ambition : « Nous respectons nos engagements et nous décidons en fonction des priorités. »

Illustrations :

- généralisation des bonnes pratiques d'utilisation d'Outlook ;
- limitation du nombre de destinataires (À, Cc) des mails ;
- optimisation du contenu des mails (corps/pièces jointes) ;
- utilisation des tâches (petites choses à faire et objectifs à atteindre, délégation) ;
- réservation de temps pour soi ;
- utilisation des catégories pour marquer ses gros cailloux (et ceux de l'équipe ?) ;
- signatures des mails normalisées (qui, quoi, où ?).

Indicateurs :

- nombre de tâches dans Outlook (pour soi, déléguées) ;
- pourcentage du temps passé en réunions sans invité (temps pour soi) ;
- nombre moyen de mails dans les boîtes de réception le soir à 20 heures ;
- les bureaux nets.

LES DIFFÉRENTES ÉTAPES DE LA PHASE «DÉCISION»

1. Choisir des éléments de décision (design) : stratégie, valeurs partagées, structure, leadership, style de management, communication interne, systèmes, personnel, savoir-faire, services, environnement, processus commerciaux, relations avec la clientèle…

2. Formuler des propositions en sous-groupes de six à dix, fondées sur les réussites, visualisables, provocantes, désirables…

3. Présenter les propositions et échanger à leur sujet.

4. Choisir les propositions prioritaires.

Déploiement : réaliser et innover

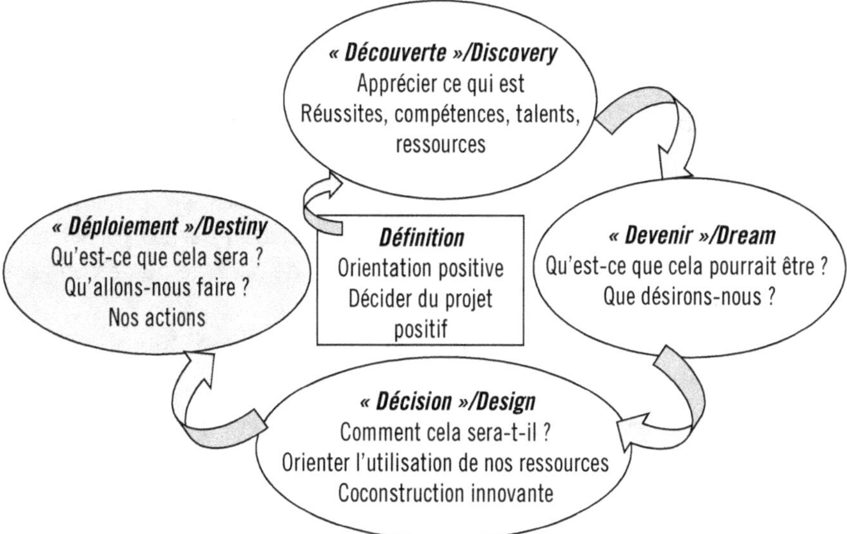

Qu'est-ce que c'est ?

Le but de cette phase est de transformer le rêve en réalité, et donc de mettre en œuvre les propositions à fort impact sur la vie de l'organisation… Cette mise en œuvre suppose l'engagement d'individus ou de petits groupes pour faire vivre les actions décidées. Elle implique également la définition de plans d'actions, sans pour autant que la rigidité d'une programmation semble conclure des phases qui ont stimulé la créativité et le désir d'agir ! Il s'agit plutôt d'apprentissages permanents, d'ajustements, d'expérimentation et d'improvisation.

C'est la raison pour laquelle, après avoir nommé cette phase *Delivery*, terme qui évoque les « livrables » habituels, David Cooperrider a préféré retenir le mot *destiny* plus proche de la dynamique de vie propre à l'AI. Nous choisissons d'employer en français le mot « déploiement » qui traduit un mouvement d'ouverture, d'avancée des réalisations sur plusieurs fronts et de développement durable de l'organisation. En effet, au-delà de la simple mise en œuvre de plans d'actions bien réels, la phase « Déploiement » vise aussi à diversifier les moyens d'atteindre les objectifs, à impliquer de nouvelles personnes et à identifier d'autres applications de l'AI.

Il est important, pour la bonne réalisation des actions, que le groupe de pilotage et, éventuellement, les consultants externes qui accompagnent la démarche puissent suivre le travail et constituer une ressource pour les groupes «Déploiement». Ce suivi vise à aider les groupes à surmonter les obstacles que l'on peut rencontrer en cours de route et, surtout, à maintenir la dynamique positive engagée lors des phases précédentes. C'est pourquoi la communication des avancées du travail et des premiers résultats, par le journal interne, des lettres sur le sujet ou lors de réunions, doit faire partie intégrante de cette phase.

Au fond, l'étape «Déploiement» se caractérise non seulement par la réalisation des actions prévues, mais aussi par l'appropriation par les participants d'une nouvelle méthode d'analyse de leur travail, de pilotage ou de conduite du changement.

Il est donc ici question du développement des compétences AI dans l'organisation, ces compétences étant, selon David Cooperrider[1] :

- une capacité, des leaders notamment, à porter un regard positif sur le devenir de l'organisation en prenant appui sur les réussites passées et les ressources ;

- une capacité d'innovation, de remise en question et de recherche de standards de qualité toujours plus élevés ;

- la perception du lien entre les actions conduites et l'atteinte des objectifs de l'organisation, la réalisation de ses missions, voire de son rêve ;

- une compétence de coopération qui s'exprime à la fois dans le développement de l'écoute au quotidien, dans des réunions sur les avancées des projets et dans les échanges par Internet.

Elle débouche donc, plus globalement, sur un changement culturel qui consiste à permettre à l'organisation de vivre en appréciant sa contribution et en se projetant vers l'avenir pour réaliser ses missions de façon toujours renouvelée.

Qui est concerné ?

À l'issue de la phase «Décision», chacun connaît les grandes actions qui seront entreprises et peut, en fonction de ses centres d'intérêt ou de ses compétences, avoir envie de participer à un groupe «Déploiement». Ce sont donc des volontaires qui constitueront ces groupes ; ils pourront s'adjoindre des

---

1. David L. Cooperrider, Diana Whitney et Jacqueline M. Stravos, *Appreciative Inquiry Handbook*, Lakeshore Communications Paperback, 2003, p. 179-181.

professionnels qualifiés sur le sujet ou demander la contribution des structures compétentes quand elles existent.

Le groupe de pilotage apporte son soutien en cas de besoin et assure la communication sur les avancées.

Comment cela se passe-t-il ?

Lors de cette phase, il convient de :

1. Décider des plans d'actions, des initiatives, des comportements utiles pour mettre en œuvre les propositions à fort impact.

Il s'agit d'actions :

- à la fois concrètes et stimulantes ;
- orientées « résultats » et « humain »...

2. S'organiser pour l'action... avec flexibilité en :

- combinant organisation/ planification et improvisation/ opportunisme ;
- constituant des équipes « Déploiement » ou « Innovation » sur la base du volontariat et de l'enthousiasme en support des pilotes.

3. Mettre en œuvre indicateurs et moyens de mesure des changements en :

- faisant vivre les tableaux de bord ;
- communiquant sur les réussites concrètes.

En pratique, on invite les participants, lors d'un séminaire ou d'une convention par exemple, à se répartir autour des personnes qui pilotent les décisions reconnues comme prioritaires. Dans un premier temps, ces sous-groupes, qui ne seront pas nécessairement les groupes « Déploiement » finaux, précisent les actions à conduire, le calendrier et les ressources nécessaires. Ils réfléchissent également sur les résultats attendus et les moyens de les mesurer ou de les observer. Ce travail est présenté à tous les participants pour échange et validation.

La composition des groupes est arrêtée en fin de session, sachant que, s'agissant de groupes auto-organisés, ils peuvent, à tout moment, solliciter des collègues afin qu'ils participent à leurs travaux.

Actions décidées par un groupe « Déploiement »

Ces actions étaient axées sur le thème : « Nos réunions sont efficaces, avec des objectifs prédéfinis et atteints ».

Plan d'actions :

- écrire une charte des bons comportements « gestion des réunions efficaces » :
  - préparation/déroulement/compte rendu/suivi des actions,
  - rédaction sur T3 2005 et diffusion direction sur T4 2005 ;
- créer un « formulaire d'invitation » :
  - mettre en place une typologie des réunions avec plage du *schedule* en couleur/type de réunion,
  - préciser si le compte rendu est nécessaire,
  - lister les participants et leur rôle,
  - prévoir la logistique…
  - réalisation T3 2005 + diffusion sur T4 2005 ;
- création de types de comptes rendus (selon les types de réunions) ;
- automatiser le CR à partir du *schedule* permettant de recopier les informations du formulaire d'invitation (je clique et je réserve mon *schedule*). Réalisation T3 2005 + Diffusion direction sur T4 2005 ;
- études à lancer :
  - développer des solutions de visioconférence en salle de réunion ou sur le poste de travail,
  - gestion des salles de réunion : disposer d'un outil permettant d'allouer la salle adaptée au besoin de la réunion (nombre de personnes, logistique) ;
- étudier la solution de gestion des CR de réunions (société externe).

Structures porteuses :

- charte : « assistantes + managers » + communication bureautique ;
- formulaires et comptes rendus : études bureautique ;
- sponsors :
  - François Martin,
  - Alain Thomas,
  - Olivier Jacques.

Indicateurs :

- charte : sondage interne T1 2006 ;
- évolution du nombre de formulaires de chaque type envoyé ;
- pourcentage du nombre de CR/nombre de réunions.

1. Communiquer sur les gains du processus d'*Appreciative Inquiry*: faire le point des avancées, communiquer sur les innovations et les résultats.

2. Décider des actions à conduire: des actions à la fois concrètes et stimulantes... orientées «résultats» ou «humain»...

3. S'organiser pour l'action... avec flexibilité: combiner organisation/planification et improvisation/opportunisme; créer des équipes «Innovation» sur la base du volontariat et de l'enthousiasme.

4. Soutenir l'action: ressources, communication, reconnaissance, coaching...

5. Étendre les applications de l'AI: leadership, entretiens individuels, *team building*, enquêtes clients...

CHAPITRE 4

Quelques expériences d'utilisation de l'*Appreciative Inquiry*

Nous conduisons, depuis plus d'une dizaine d'années, au sein de notre Institut, des missions d'accompagnement avec la méthode appréciative. Des coachs, consultants ou chefs de projets internes formés aux entreprises à l'IFAI puis en collaboration avec la Weatherhead School of Management de Cleveland poursuivent cette action et développent de nombreux projets appréciatifs dans différents pays francophones : Algérie, Belgique, Canada, France, Luxembourg, Maroc, Suisse.

Les champs d'application de l'*Appreciative Inquiry* sont très variés :

- définition d'un projet collectif ;
- facilitation de la fusion-absorption entre entreprises ou entités au sein d'une même organisation ;
- développement de la capacité à coopérer entre équipes ;
- construction d'une vision partagée permettant de dépasser les conflits et les effets de « silotage » pour des services en tension ;
- développement du plaisir de travailler ensemble dans la performance ;
- valorisation des métiers afin de renforcer la motivation au travail ;
- conception et animation de conventions de cadres et/ou de salariés enthousiasmantes et porteuses d'idées nouvelles à mettre en œuvre ;
- renforcement de la cohésion d'équipes ;
- renouvellement des modes de pilotage et de management ;
- construction d'outils d'appréciation des performances ;
- facilitation de sessions de formation ;
- etc.

Notre expérience nous a appris que tous les secteurs professionnels que nous avons abordés peuvent être réceptifs à l'approche appréciative. Les praticiens « appréciatifs » ont ainsi travaillé dans des milieux très variés avec des groupes d'une taille variant de quatre à plusieurs milliers de personnes :

- le secteur public (ministères, collectivités territoriales, établissements publics à caractère scientifique et technique, établissements culturels, établissements hospitaliers...) ;
- le monde industriel (alimentaire, automobile, énergie, métal packaging, pharmacie...) ;
- la distribution et les services (banque, téléphonie, grande distribution, secteur portuaire...) ;
- le monde agricole (producteurs, caisses de retraite...) ;
- le monde associatif et les institutions caritatives.

Les cas présentés ici donnent une première idée du type d'intervention possible avec l'AI, mais le champ est encore en plein développement. Plusieurs praticiens l'expérimentent actuellement pour l'accompagnement des couples et des familles...

Les trois premières interventions ont été réalisées par l'auteur, les quatre suivantes par des consultants formés à l'*Appreciative Inquiry* par l'Institut français d'*Appreciative Inquiry* et la Weatherhead School of Management de la Case Western Reserve University de Cleveland. Ils sont suivis par un témoignage d'utilisation de l'*Appreciative Inquiry* en formation.

Réaliser un bilan constructif

La société, le contexte

La direction du marketing de Saint-Gobain Isover a mis en place, dans les années 2000, une nouvelle organisation en regroupant ses équipes dans une même région : l'Europe de l'Ouest. Une quarantaine de personnes étaient concernées.

La question posée, les objectifs

Après deux années de fonctionnement, elle envisage, avec la direction des ventes, un séminaire afin de faire le point sur les difficultés et les bénéfices résultant de cette décision. Elle s'adresse pour cela à un de mes partenaires, Christian Barou, qui m'invite à conduire le projet avec lui. Une rencontre préparatoire est organisée, voici le dialogue entre les consultants et les deux directeurs :

« Directeurs : *Nous avons créé cette région Western Europe afin de rapprocher les services marketing et de développement produit des différents pays dans le but de développer les synergies entre eux. Nous souhaitons régler les problèmes de communication qui peuvent exister encore entre les responsables marketing développement produits & systèmes, les responsables développement usines et les commerciaux, voire entre les responsables marketing des différents pays eux-mêmes ; et, pour cela, il faudrait que l'on fasse une analyse objective des modes de fonctionnement, des difficultés et que l'on trouve des solutions d'amélioration.*

Consultants : *Quels résultats votre nouvelle organisation a-t-elle permis d'obtenir ?*

D : *Les équipes ont progressé dans leurs échanges entre elles et avec les autres services, des projets nouveaux ont été lancés, mais cela ne suffit pas…*

C : *Que voulez-vous de plus ?*

D : *Nous voulons renforcer la dynamique en cours, trouver de nouvelles pistes de développement pour le futur et optimiser le timing de mise en marché des produits.*

C : *Est-ce tout ce que vous voulez ?*

D : *Oui, mais nous souhaitons livrer nos clients dans des délais plus rapides que les délais actuels. De plus, nous aimerions que l'adéquation entre la sortie de nouveaux produits et les volumes adéquats soit meilleure.* »

Dès lors, l'orientation du séminaire était décidée.

Le choix du processus et son déroulement

Les deux dirigeants désirant favoriser l'esprit d'équipe, nous leur proposâmes l'approche AI : le fait pour eux de se situer dans une perspective positive et de délivrer à leurs équipes un message en ce sens leur parut immédiatement beaucoup plus efficace et motivant que de se livrer à une nouvelle analyse des problèmes. Ce fut même une bouffée d'air frais pour ces personnes habituées à des séminaires où quelquefois la critique prenait trop de place… au détriment du plaisir de travailler ensemble.

Nous avons proposé cette approche tout en sachant que le temps dont nous disposions, soit une journée et demie, était court pour tout faire. Nous savions que malgré une préparation des participants en amont et le bénéfice d'un travail en résidentiel, ce temps ne permettrait pas de conduire tout le processus jusqu'à la phase « Déploiement ». Il nous a cependant semblé que les principaux objectifs pourraient être atteints et que la démarche progresserait ultérieurement, ce qui s'est confirmé.

La préparation du séminaire

La communication

Le directeur du développement produits et systèmes dans le cadre du marketing avait annoncé la tenue du séminaire plusieurs mois à l'avance. Un mois avant la date prévue, il adressa à tous les participants un courrier dont voici un extrait:

«Je vous confirme que le séminaire annoncé précédemment aura lieu les 7 et 8 octobre près de Paris. Il commencera avec un déjeuner le premier jour et se terminera le lendemain vers 17 heures.

Les objectifs généraux du séminaire sont:

- *analyser les progrès et les réussites de l'équipe depuis deux ans et travailler sur les évolutions futures;*
- *renforcer la dynamique de travail en commun entre les équipes.*

Cela afin d'optimiser la performance de livrer à nos clients les produits et systèmes de qualité développés au sein des équipes européennes dans les volumes adaptés et dans les temps requis, en ligne avec la stratégie marketing globale.

Afin de tirer le meilleur parti de ces deux jours, nous avons fait appel à Christian Barou et Jean Pagès. Ils prépareront le séminaire en vous interviewant, vous-même et quelques personnes des ventes, en septembre. Merci de les aider dans ce travail afin qu'ils disposent des informations utiles et puissent orienter le séminaire sur les questions à traiter.»

À ce courrier fut adjoint un texte de trois pages présentant l'*Appreciative Inquiry* et l'esprit dans lequel serait organisé le séminaire.

La préparation par les participants

Les participants, informés de la méthode, furent invités à se préparer au travail des deux jours, en répondant au préquestionnaire AI suivant:

«Objet: Préparation des ateliers créatifs des 7 et 8 octobre

Cher participant,

Vous êtes partie prenante dans le développement des produits, de la communication et des processus marketing à Isover.

Si vous passez votre expérience en revue, il y a certainement des hauts et des bas, des temps forts et des temps faibles.

Pour le moment, nous vous invitons à considérer un moment fort de votre expérience, une période remarquable, pendant laquelle vous vous sentiez très engagé, stimulé, plein de vie ou efficace dans votre participation à la réalisation d'actions hautement significatives.

Nous vous remercions de bien vouloir noter, de façon précise, ce qui se passait à ce moment-là. Comment était-ce ? Que ressentiez-vous ?

Maintenant, au-delà de cette situation, imaginons que j'aie une conversation avec des personnes qui vous connaissent bien et que je leur demande de me dire quelles sont les trois principales qualités qu'elles voient chez vous et les compétences que vous avez apportées pour la réussite des actions ; que diraient-elles ?

Dans cette expérience, qu'est-ce qui vous a le plus inspiré ? Quelles ont été les pratiques personnelles et collectives, les ressources que vous avez trouvées les plus utiles ?

Cher participant, plus vous aurez de réponses et plus le séminaire sera bénéfique pour tous. Bien sûr, nous développerons tous ces sujets durant le séminaire, mais votre préparation est essentielle.

Nous cherchons en effet à mettre en relief le noyau positif d'Isover Marketing, Product & Systems organization.

N. B. Comme vous pouvez le constater en lisant la présentation sur l'Appreciative Inquiry, nous sommes au début d'un nouveau processus de changement qui se développera au-delà du séminaire. »

Le déroulement du séminaire

- **Jour 1**
  - 14 h 00 : présentations – Introduction – Objectifs du séminaire.
  - 14 h 30 : introduction à l'*Appreciative Inquiry*.
  - 14 h 45 : phase « Découverte » : les sources d'énergie de l'équipe marketing Europe – succès, coopération & esprit d'équipe, interviews par paires.
  - 15 h 45 : pause.
  - 16 h 15 : échanges à partir des interviews en quatre sous-groupes.
  - 17 h 00 : présentation des travaux des groupes et échange en grand groupe.
  - 18 h 00 : les principes fondamentaux de l'*Appreciative Inquiry*.
  - 18 h 15 : conclusion.
- **Jour 2**
  - 09 h 00 : retour sur les travaux du jour 1.
    Introduction à la phase « Devenir » : qu'est-ce qui pourrait être ?

- 09 h 30 : groupes «Devenir» (échanges à partir des réponses aux questions sur les souhaits et les rêves).
- 10 h 30 : pause.
- 11 h 00 : présentation des groupes et échanges sur la vision.
- 12 h 15 : introduction à la phase «Décision»: comment se passeront les choses?
- 12 h 30 : déjeuner.
- 14 h 15 : travail en sous-groupes sur les premières grandes décisions et les axes de travail à venir.
- 15 h 15 : pause.
- 15 h 30 : échange sur les grandes actions à conduire.
- 16 h 30 : introduction à la phase «Déploiement».
- 17 h 00 : conclusion et bilan.

Les conditions matérielles, l'animation et les documents supports

Le séminaire se déroula dans un lieu propice à ce genre d'exercice: un hôtel de qualité dans la campagne du nord de l'Ile-de-France, une vaste salle équipée de six *paperboards*, d'un vidéoprojecteur, des salles pour les sous-groupes, des pauses et des repas de qualité...

Nous fîmes appel également à un spécialiste de *Qi Gong* qui intervint environ vingt minutes le matin, pour la préparation physique et énergétique des participants. Les pauses donnèrent lieu à des promenades dans la campagne ou à divers jeux.

L'animation fut orientée pour être la plus légère possible et laisser le maximum d'espace d'expression aux participants. Les séquences de présentation par les animateurs ne dépassèrent pas vingt minutes et la coanimation permit d'introduire de la variété. Les travaux de groupes et les échanges collectifs n'excédèrent pas une heure quinze, et ce afin de maintenir le rythme de l'animation.

Les sous-groupes furent invités à utiliser des modes de présentation créatifs pour les résultats de leurs échanges: dessins, projections de diapositives, jeux de rôles...

Les principaux résultats obtenus

D'une part, un riche partage des expériences réussies permit aux participants de découvrir certains aspects du travail de leurs collègues et d'en mesurer la richesse. D'autre part, les personnes apprirent à se mieux connaître et s'apprécier, et créèrent des réseaux informels de partage d'information en Europe.

La créativité fut forte et des idées nouvelles pour la promotion des produits et services purent émerger.

Le sentiment de chacun d'appartenir à une équipe se renforça de façon durable selon la direction du marketing qui mesura les retours après le séminaire.

Les principaux enseignements

Christian Barou, dans le cadre d'un coaching de Patrik Andersson, le responsable de la région Western Europe pour le développement produit, a suivi l'avancée des projets lancés pendant le séminaire AI.

Patrik Andersson a tenu à témoigner : «*Cette approche nouvelle de la conduite du changement m'a spontanément séduit. En effet, nous apportions une rupture avec les pratiques traditionnelles en focalisant sur nos points forts.*

Beaucoup ont découvert à l'occasion de ce séminaire des compétences insoupçonnées et des approches innovantes de leurs collègues européens.

Nous n'avons pas perdu de temps à ressasser nos problèmes, et nous avons ainsi pu aborder des questions essentielles de notre fonctionnement en équipe sur lesquelles nous travaillons actuellement.

Il est évident que la convivialité et le plaisir procuré par ce type d'animation ont permis la libération d'une meilleure créativité.

J'ai été impressionné, comme les participants, par la richesse des idées que nous pouvions produire pour améliorer l'existant. Nous avons ainsi pu sélectionner des pistes de progrès significatives, que nous n'aurions certainement pas mises au jour dans une approche traditionnelle.

Il est évident qu'à l'avenir nous devrions utiliser cette méthode sur d'autres thématiques d'amélioration.»

Construire ensemble le développement de l'entreprise

La société, le contexte

Lors de l'hiver 2004, Zineb Benabdejlil, directrice de mon partenaire marocain, la société Deo Compétences basée à Casablanca, me sollicita pour réfléchir à l'organisation de la convention annuelle des cadres de la société nationale marocaine de dragage des ports, Drapor[1].

La question posée, les objectifs

Le président, M. Mohammed Bachiri, souhaitait, après avoir modernisé l'entreprise et assuré un certain rayonnement international, préparer la privatisation en mobilisant l'ensemble de ses cadres. Beaucoup de travail de communication avait été réalisé sur ce sujet et, globalement, les personnes exprimaient leur volonté de s'engager dans cette voie.

Cependant, le président estimait qu'il était important de renforcer cette motivation et de définir de grands axes d'action pour les années à venir avec la participation des cadres. Il souhaitait également, tout en visant cet objectif de production, préserver le caractère traditionnel convivial de cette convention.

Le choix du processus et son déroulement

Le caractère participatif, vivant, créatif et innovant de l'*Appreciative Inquiry* retint son attention et il décida d'engager Drapor, une entreprise marocaine des plus avant-gardistes en matière de management, dans cette expérience nouvelle.

La convention eut lieu à Fès, du 5 au 8 juin 2005, et fut un succès. Voici comment elle a été relatée dans le journal de l'entreprise.

La préparation de la convention

Les orientations

Pour qu'une convention soit réussie, il est essentiel que son objet soit clair, positif et mobilisateur. Ce dernier point est particulièrement important car l'*Appreciative Inquiry* est une démarche fortement participative qui permet à chacun de s'exprimer dans le cadre défini.

Il appartenait au président, Mohammed Bachiri, assisté de son équipe de direction, d'énoncer les grandes orientations de la convention et d'identifier un groupe de pilotage, facilitateur du projet, à former en amont de la convention elle-même. Ce travail fut réalisé en avril 2005 avec l'appui de Zineb Benabdjelil du cabinet Deo Compétences.

Les orientations générales furent formulées de la façon suivante par M. Bachiri : «*Vivre et assumer pleinement nos engagements en toute responsabilité,*

---

1. Une grande société nationale marocaine.

déclarer clairement et fermement notre attachement aux valeurs communes de Drapor, et les faire partager par tous. Construire ensemble une belle et forte solidarité et une cohésion sans faille afin de pouvoir assurer à Drapor croissance et développement à la hauteur des ambitions du Maroc. Telles sont les finalités de la convention de cette année.»

La formation du groupe de pilotage et la formulation des axes de travail

Un groupe de pilotage de 12 personnes fut constitué avec, pour mission, d'abord de définir, à partir des orientations du président, plusieurs thèmes de travail, puis de faciliter les travaux lors de la convention.

Le groupe de pilotage a reçu une brève formation à la méthode *Appreciative Inquiry* et a effectué, en avril, plusieurs tâches. La première fut de déterminer les axes de travail positifs, thèmes d'échanges entre tous les participants de la convention.

Quatre thèmes furent ainsi dégagés:

* une équipe de professionnels pour des prestations exceptionnelles;
* une vision claire pour un avenir prospère;
* faire du management de la qualité un vecteur de progrès;
* faire de la charte des valeurs une manière de vivre dans l'entreprise.

À partir de ces thèmes, le groupe de pilotage a construit un guide d'entretien qui a été utilisé ultérieurement dans la première phase de la convention: la phase «Découverte».

Le groupe a également supervisé l'organisation matérielle de la convention: le confort, la répartition des participants en tables rondes pour faciliter les échanges, la composition des tables, la qualité des espaces de travail furent des éléments déterminants du succès.

La communication en amont

Les objectifs de la convention et la méthode employée ont été communiqués par le président lui-même dans un courrier qu'il a adressé à tous les participants. Cette communication a été relayée par le journal interne de Drapor.

L'animation de la convention

Il est essentiel, lors d'une convention animée avec la méthode *Appreciative Inquiry*, que le président rappelle les orientations du groupe, l'objet de la convention et réponde aux questions du moment, ce qui fut fait immédiatement, le 5 juin, après l'accueil des participants.

Je présentai ensuite brièvement cette méthode de conduite du changement fondée sur les ressources et ce qui donne vie et énergie aux organisations. Avec l'*Appreciative Inquiry*, il s'agit de rechercher les causes du succès et non celles des échecs.

Or, nous avons constaté que les questions posées lors d'une convention, par exemple, ont une influence significative sur les directions qui seront prises :

- les questions qui portent sur les problèmes et les déficiences de l'organisation ont tendance à provoquer de la résistance, du pessimisme, du doute, de l'accusation mutuelle et de l'autojustification ;

- en revanche, les questions qui mettent en valeur les forces, les réussites, suscitent enthousiasme, créativité, espoir, motivation et engagement. De nouvelles orientations apparaissent et des actions innovantes sont engagées.

Avec l'*Appreciative Inquiry* nous avançons en examinant ce qu'une organisation a vécu et réussi de mieux, ce qui continue à exister dans ce sens et ce qu'elle sera dans le futur. En explorant et en étudiant ces moments, nous utilisons les forces des personnes et de l'organisation comme un tremplin pour des réussites futures.

Il n'y a pas une seule et unique façon d'utiliser l'*Appreciative Inquiry*, cependant le processus comprend toujours cinq phases :

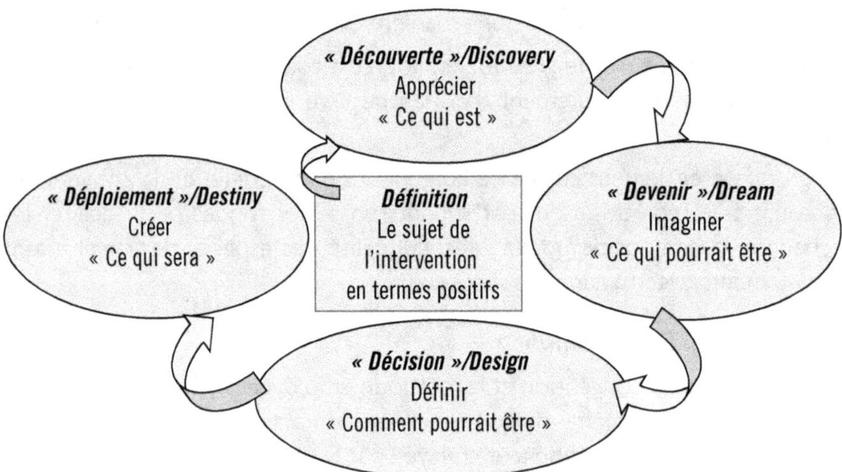

La phase « Découverte » (*Discovery*). L'objectif de cette première étape du travail est, nous l'avons vu, la recherche et l'identification du « cœur positif » ou des « piliers de la réussite » de l'entreprise. Elle s'est déroulée, lors de la convention Drapor, de la façon suivante :

- interviews mutuelles par paires sur la base du guide d'entretien élaboré par le comité de pilotage ;

- échanges en sous-groupes en huit tables de dix (tables composites avec un pilote par table) ;
- présentations collectives pour identifier les sources d'énergie de l'entreprise.

Cette phase – enthousiasmante, car elle permet l'expression de tous (on dialogue souvent plus volontiers à deux ou en petit comité) et met chacun en contact avec ce qu'il y a de meilleur en l'entreprise et en lui-même – a donné lieu à de riches restitutions. Celles-ci ont permis d'identifier des piliers forts de la réussite chez Drapor, qui ont été regroupés dans les rubriques suivantes (nous reprenons ici, de façon plus complète, l'expérience relatée plus haut) :

- management : formalisation et modernisation des différents aspects du management, valorisation et encouragement du personnel, etc. ;
- professionnalisme : compétences, formation continue et amélioration des compétences (par exemple, sur les nouvelles technologies), autonomie des unités opérationnelles en matière d'investigation technique, etc. ;
- stratégie et développement : conquête du marché international de proximité, mise en œuvre de la diversification autour du métier principal (PS remorquage, com), etc. ;
- satisfaction client : l'objectif permanent étant de satisfaire le client et l'aider à mieux exprimer ses besoins, diminuer le délai d'intervention au national pour attaquer les marchés internationaux vingt-quatre heures sur vingt-quatre, etc. ;
- qualités professionnelles et implication : attachement à Drapor et à son avenir, rigueur, sang-froid, volonté et défi, synergie, travail de groupe, esprit d'initiative, compétitivité intra et extra-entreprise, anticipation, échange et communication à tous les niveaux, etc. ;
- qualité totale et organisation : certifications internationales QSE, capacités de l'entreprise à accompagner et à s'adapter aux différentes mutations (exigences ISM code ISPS), etc. ;
- social et citoyenneté : entreprise « citoyenne », organisation du travail et recherche des compromis avec les partenaires sociaux, un climat social motivant.

La phase « Devenir » *(Dream)*. L'objectif de cette phase du travail est de permettre l'expression des souhaits et des rêves de chacun concernant le devenir de l'entreprise. C'est une étape stimulante dans laquelle les participants expriment leurs vœux les plus chers et ce sur quoi ils sont prêts à s'investir ensemble. Sans une vision positive de leur avenir, il a été montré que les sociétés déclinent ; au contraire, avec des ambitions fortes, elles déploient une énergie considérable pour se développer.

Lors de la convention, elle s'est d'abord réalisée en sous-groupes (par tables) pour mettre en commun les éléments de vision positive du futur pour l'entreprise, issus des réponses aux questions posées dans les entretiens. Les membres de chaque table se sont rapidement aperçus qu'ils partageaient, pour l'essentiel, la même vision de l'avenir de l'entreprise. Les consultants leur ont demandé de l'exprimer d'une manière créative : sous forme d'un dessin, d'un slogan et d'une brève phrase d'explication. Les productions ainsi réalisées ont été affichées sur un grand panneau et un vote (avec peut-être parfois un peu plus de bulletins qu'attendu, ce qui traduisait la passion de certains pour leur vision !) a eu lieu.

En pratique, l'échange collectif a permis de regrouper les différentes visions d'aboutir au rêve partagé, condition indispensable pour qu'une société se bâtisse un avenir positif. Quel est ce rêve ? « Drapor rayonnant à l'échelle mondiale dans une perspective de développement durable. »

La phase « Décision » *(Design)*. Cette phase permet d'envisager comment le rêve deviendra réalité, en prenant appui sur les forces de l'organisation et en discernant de grands axes de travail pour le futur proche. Les participants examinent les pistes les plus pertinentes, à fort impact et fortement mobilisatrices pour faire vivre le rêve commun.

Lors de la convention, ce travail s'est réalisé par table : chacune devait isoler deux grands axes de travail et les présenter ensuite à tous. Il a été procédé ensuite à un regroupement qui a débouché sur les projets suivants, chacun porté par un pilote :

- « Innovation et matériel » : piloté par M. Tamim ;
- « Développement et épanouissement des ressources humaines, professionnalisme » : piloté par M. Azoui ;
- « Renforcer notre développement à l'international » : piloté par M. Housni ;
- « Développer l'activité "Sable et Dérives" » : piloté par Mme Chaouk.

Des groupes de travail seront chargés, sous la houlette de leur pilote, de préciser ces thèmes, de définir les actions utiles et de communiquer les résultats.

Ce travail se réalisera pendant **la dernière phase, dite *Delivery* ou « Déploiement »**, au cours de laquelle les groupes de travail bénéficieront d'un accompagnement par Deo Compétences.

Le président a validé les résultats des travaux de la convention, remerciant chacun, et en particulier les pilotes des projets, de leur engagement et rappelant le sien propre et son soutien sans faille afin que le rêve partagé devienne encore plus réalité.

Il s'agit maintenant de passer à l'action : les groupes de travail, ou groupes d'innovation, décident des actions à conduire, des ressources à mobiliser et du calendrier. Ils veillent ensuite, avec le groupe de pilotage et sous l'autorité du président, à ce que ces actions innovantes se réalisent. Ils n'hésitent pas à introduire de nouvelles pistes de progression ou encore à recueillir les suggestions qui pourraient faciliter le déploiement... À chaque étape, dans tous les processus *Appreciative Inquiry*, il est essentiel de communiquer pour reconnaître les avancées, mobiliser de nouvelles énergies et célébrer les résultats.

Au cours du second semestre, nul doute que les premières actions porteront leurs fruits et que d'ici à la fin de l'année 2005, tous chez Drapor seront en mesure de fêter les résultats et de voir vivre les valeurs fortes d'engagement, de professionnalisme, de passion et de convivialité de l'entreprise. »

Les principaux résultats obtenus

- Atelier « Développement, épanouissement des ressources humaines et professionnalisme ». Voici quelques-uns des objectifs et actions retenus par le groupe de travail ressources humaines.

Objectif	Action
Mettre en œuvre un système d'appréciation du personnel sur la base des entretiens annuels	1. Établir un guide d'entretien d'appréciation annuel adapté à la structure de Drapor 2. Communication autour de l'entretien d'appréciation 3. Formation sur les techniques d'entretien d'appréciation 4. Planning de déroulement de l'entretien d'appréciation à Drapor au titre de l'année 2005
Assurer l'optimisation des effectifs de Drapor et une stratégie de développement des ressources humaines	1. Actualisation de l'étude d'optimisation des ressources humaines de l'entreprise et conception de stratégie de gestion des ressources humaines sur la période 2006-2010 2. Identification et mise en œuvre des mesures permettant à l'entreprise de fonctionner avec une structure optimale
Amélioration du règlement du personnel de la société	1. Analyse comparative des dispositions statutaires de l'entreprise et du Code de travail en vigueur 2. Adapter les dispositions statutaires au contexte d'une société privée valorisant la performance et la compétence 3. Analyse comparative des écarts par niveau de salaire entre Drapor et des sociétés privées 4. Analyse comparative des écarts par niveau des salaires entre Drapor et les sociétés privées au Maroc 5. Mettre en œuvre un règlement du personnel de Drapor très attractif pour les compétences de haut potentiel

- Atelier «Innovation et matériel». Objectif : création d'une cellule de veille technologique pour assurer la mise à niveau des unités aux standards internationaux.

Actions	Acteurs	Calendriers	Indicateurs
1. Instituer la cellule de veille technologique	Cellule « Matériel et Sécurité »	31 décembre 2005	Décision du directoire
2. Instituer une expertise annuelle systématique des unités de Drapor par des experts internationaux de dragage pour assurer une mise à niveau des unités par rapport aux standards étrangers	Cellule « Matériel et Sécurité »	Avant le 30 juin de chaque année	Rapports annuels d'expertises
3. Participer aux séminaires et différentes rencontres se rapportant aux métiers de l'entreprise et assurer une veille documentaire et concurrentielle	Cellule « Veille technologique »	À l'occasion d'organisation de rencontres et séminaires couvrant les métiers de Drapor	Nombre de participations
4. Mettre en place des conventions de partenariat avec les universités afin de promouvoir la recherche au sein de Drapor	Cellule « Veille technologique »		Nombre de conventions de partenariat élaborées
5. Présentation de synthèse mensuelle des dernières nouveautés en matière de techniques et d'équipements de dragage	Cellule « Veille technologique »	Première réunion du directoire du mois N + 1	Rapports mensuels
6. Validation des améliorations et technologies à introduire au niveau des unités de Drapor pour maintenir leur mise à niveau par rapport aux standards internationaux	Directoire	Première réunion du directoire du mois N + 1	Nombre d'améliorations retenues/ Nombre des améliorations proposées

Les principaux enseignements

Cette expérience montre qu'une convention réunissant 80 cadres peut dépasser le simple moment convivial assorti d'informations descendantes avec un simple travail en ateliers. Il s'est avéré en effet possible d'organiser les échanges afin de susciter l'émergence d'une intelligence collective débouchant non seulement sur un rêve partagé avec bonheur, mais aussi sur des actions concrètes qui furent mises en œuvre assurant ainsi les meilleures chances à Drapor pour poursuivre ses ambitions.

Développer l'efficacité collaborative

La société, le contexte

Le travail collaboratif et l'optimisation de l'usage des moyens bureautiques constituent, en 2005, deux objectifs stratégiques pour la direction des systèmes d'information de la société Bouygues Telecom, son directeur général, Yves Caseau, l'ayant clairement exprimé dans une note adressée à l'ensemble des équipes.

La question posée, les objectifs

Consulté pour accompagner ces objectifs, Xavier Caumon, de la société FoncTion2, spécialisée dans l'efficacité et la gestion des priorités, constate un besoin de formation à l'outil Outlook et à sa meilleure utilisation possible, ainsi que la nécessité de faciliter l'efficacité collective.

Il propose alors deux approches :

- une formation assortie de coaching personnalisé pour l'utilisation optimale de l'outil Outlook, d'abord ;
- une conduite du processus de changement avec l'AI, ensuite.

Ce processus de changement impliquant et participatif a mobilisé l'encadrement de la DCSI (80 personnes) et son but était triple :

- définir avec les personnes concernées les actions à mettre en œuvre, ainsi que les critères de succès de l'opération « efficacité bureautique » ;
- définir les indicateurs quantitatifs et qualitatifs permettant d'apprécier les résultats ;
- créer une adhésion au changement par la dynamique participative de l'AI.

Le choix du processus et son déroulement

La formation du groupe de pilotage

D'une durée de deux jours, elle a permis aux douze participants – comprenant le directeur et principal initiateur du projet, François Darbandi, et un groupe restreint de collaborateurs de la DCSI – de s'approprier la philosophie, la méthode de l'AI, et de faire l'expérience des questions appréciatives génériques.

Le groupe a ensuite identifié cinq principaux thèmes de recherche et construit le guide d'entretien à partir de l'orientation fixée par le directeur général. Voici cette orientation.

Travailler ensemble et être efficace

Être efficace, c'est faire la bonne chose, au bon moment et au moindre coût. Mieux coopérer, accéder à l'information, organiser son temps, optimiser ses réunions, mieux se servir des outils bureautiques… pour plus de résultats avec moins de stress et plus de plaisir.

Les cinq thèmes retenus :

1. prendre du recul et se donner le temps de réfléchir sur son propre travail, développer son état d'esprit coopératif, inscrire son action dans la durée, choisir les bons outils pour les bonnes tâches ;

2. donner un sens et mettre en valeur son travail et celui des autres, apprécier les résultats ;

3. capitaliser, réutiliser et partager l'information, l'expertise et les réussites, créer du lien ;

4. partager une vision globale des sujets auxquels on contribue, connaître les enjeux ;

5. simplifier et fluidifier notre fonctionnement : optimiser les réunions, décider plus rapidement, mieux déléguer.

Différents extraits du guide d'entretien ont été reproduits dans la présentation de la phase «Découverte», en voici un correspondant au second des cinq thèmes retenus :

Thème 2 : donner un sens et mettre en valeur son travail et celui des autres, mesurer et apprécier les résultats

Mettre en valeur et donner un sens à son travail et celui des autres, et en apprécier les résultats, est un élément de motivation indispensable pour nous rendre plus efficaces au quotidien. Nous avons tous vécu des moments, des situations professionnelles dans lesquelles le sens de notre contribution nous est apparu clairement, valorisant ainsi notre action.

L'objet des questions qui suivent est de les identifier pour trouver les meilleurs moyens de donner encore plus de sens à notre travail et d'en apprécier les résultats :

1. décrivez une expérience, un moment, une situation de votre vie professionnelle dans laquelle vous avez pu apprécier les résultats de votre contribution ;

2. comment vous y prenez-vous pour mettre en valeur et mesurer votre contribution et celle des autres dans l'action collective ?

3. qu'est-ce qui vous procure plaisir et satisfaction lors de la mise en valeur de votre travail et celui des autres ? Quel est le véritable moteur de ce plaisir ?

4. quels sont les trois souhaits que vous formuleriez pour renforcer le sens et la mise en valeur de votre travail et celui des autres, en apprécier les résultats ?

Au-delà de la construction du questionnaire, le groupe de pilotage a également défini l'organisation du travail pour les 80 participants :

- une demi-journée par phase de l'AI ;
- une quinzaine de jours en moyenne entre chaque étape ;
- un travail de consolidation des informations recueillies par le groupe de pilotage ;
- une communication « en ligne » des résultats ;
- une présentation, en début de chaque étape, des acquis de la précédente.

Les principaux résultats obtenus

L'animation fut assurée par deux consultants, en alternance ; il fut veillé à réduire les apports théoriques au minimum indispensable pour comprendre le sens du travail : la philosophie de l'AI et les principes fondamentaux furent donc évoqués brièvement.

La phase « Découverte » rapidement introduite à l'aide de quelques diapositives, les entretiens furent organisés et, après environ 1h30, les consignes concernant le partage en petits groupes furent données.

Toutes les consignes furent portées par écrit sur un livret du participant rédigé par les consultants. Des rapporteurs exprimèrent au groupe entier les récits et expériences positives retenues, ce qui permit de mesurer la richesse collective.

Ces éléments rédigés ensuite par le groupe de pilotage servirent de base aux phases suivantes.

La phase «Devenir» *(Dream)* réunit le groupe une nouvelle demi-journée. De petits sous-groupes exploitèrent les réponses aux questions 4 du questionnaire (cf. exemple plus haut) et réalisèrent un dessin en couleur du rêve partagé, assorti d'un slogan et d'explications. Après un vote, le dessin obtenant le plus de suffrages fut retenu comme exprimant le souhait de l'ensemble de l'équipe.

Forts des ressources et de «l'état désiré», une nouvelle réunion permit d'identifier les grands axes de décision à prendre ; puis, une dernière session aboutit à la précision des actions à conduire. Le travail s'effectua en sous-groupes avec la validation du groupe entier, puis une consolidation et une mise en forme par le groupe de pilotage.

Les principaux enseignements

Voici les points principaux du bilan effectué avec François Darbandi, directeur de la DCSI qui participa à toutes les phases de l'intervention :

- l'approche résolument positive est extrêmement «porteuse» ; elle permet une prise de conscience et une reconnaissance des ressources ; c'est un facteur de mobilisation, de stimulation et de plaisir ;

- la démarche hautement participative permet de relier réellement le «terrain» et le «sommet» : un partage des objectifs et des idées pour l'évolution des pratiques ;

- le travail en duos et en sous-groupes variés offre l'avantage de décloisonnements horizontaux ;

- des engagements concrets pour passer à l'action ont constitué le point d'aboutissement de la démarche.

Les points principaux de vigilance, au-delà de la conduite organisée et méthodique du processus, sont de trois ordres :

- la communication sur la démarche, inhabituelle, et notamment l'enchaînement des phases dont la logique doit toujours être rappelée ;

- la capacité à obtenir des résultats dans des délais satisfaisants ;

- les conditions matérielles qui doivent permettre des travaux en sous-groupes et des regroupements rapides et aisés (grande salle confortable et salles de sous-groupes proches).

Consulter et agir avec l'*Appreciative Inquiry*

Cette intervention et sa rédaction ont été réalisées par Thierry Brigodiot, consultant, certifié en *Appreciative Inquiry* par l'université de Cleveland et l'Institut français d'*Appreciative Inquiry* – Société Pragma.

La société, le contexte

Filiale française d'un groupe international dans le secteur agroalimentaire, la société XK distribue ses produits sur l'ensemble du territoire au travers notamment des circuits de la grande distribution. Les principales missions exercées par la filiale France relèvent donc des domaines marketing et commercial mais aussi logistique et finance. La société regroupe environ 200 collaborateurs dont 40 managers.

La filiale française est depuis plusieurs années en mutation profonde et fréquente du fait, notamment :

- d'une tension concurrentielle sur ses catégories de produits ;
- d'une évolution de l'organisation du groupe en Europe ; mutualisation de fonctions supports notamment ;
- de l'acquisition et commercialisation de nouveaux produits ;
- du déménagement du siège de la société ;
- d'une évolution des effectifs.

Dans ce contexte, deux éléments clés sont à prendre en compte dans ce retour d'expérience.

Le premier porte sur la démarche que le groupe réalise chaque année auprès de l'ensemble des collaborateurs, au niveau mondial : au mois de septembre, chaque pays reçoit ses résultats d'enquête interne : l'« opinion global survey ». Chaque filiale est invitée à décliner en actions concrètes, un ou plusieurs thèmes ayant trait aux ressources humaines. En 2013, les principaux thèmes retenus sont la reconnaissance, le développement/formation et l'équilibre vie privée/vie professionnelle.

En 2013, les résultats de la filiale France sont en net retrait par rapport aux années précédentes. Ils signalent également de fortes tensions, voire un risque de désengagement des managers.

Le deuxième élément porte sur une particularité de la filiale française. Celle-ci a signé avec son comité d'entreprise l'organisation d'ateliers d'expression des salariés (AES), permettant à chaque collaborateur de commenter librement les résultats de l'enquête interne et de formuler des propositions constructives. En place depuis dix ans, les dernières éditions de ces ateliers ont été très critiquées. Ces ateliers ont même été annulés à une reprise, quand les tensions étaient grandes au sein de la filiale France.

La question posée, les objectifs

À la suite d'un petit déjeuner de présentation de l'AI, réunissant une vingtaine de DRH/cadres/dirigeants d'entreprises de différents secteurs, nous – Jean-Christophe Barralis et Thierry Brigodiot – avons été contactés par une cadre de la société XK.

Lors d'un premier échange, en juin 2013, la situation et le contexte sont évoqués. L'intuition de notre interlocutrice porte sur l'opportunité **d'introduire la démarche AI** au sein de son entreprise : « Un regard appréciatif nous ferait vraiment du bien en ce moment… » La question posée alors est : « Comment pourriez-vous introduire cette démarche dans notre organisation qui va si mal ? »

En juillet 2013, nous présentons la démarche AI à quatre managers de XK. De cet échange exploratoire, l'idée d'introduire l'AI dans les pratiques managériales est identifiée. Le principe de présenter la démarche à un groupe de vingt managers nommés par le comité exécutif pour être force de proposition et relais avec l'ensemble du personnel sur les projets de changement, les *core leaders,* est retenu ; nommé par le Comex de XK, ce groupe de managers a pour mission d'accompagner le changement. À ce titre, il semble tout désigné pour « porter ce projet d'introduction de l'AI ».

Au cours de l'été, l'idée d'introduire l'AI se diffuse auprès des *core leaders* et des membres du Comex… et se transforme… en un projet : Il s'agit d'« animer les ateliers d'expression des salariés avec la démarche appréciative pour éviter que ces moments deviennent des "défouloirs" sans suite concrète pour les collaborateurs et l'organisation ». En effet, les dernières éditions des AES, dans un contexte déjà très tendu, avaient été jugées insatisfaisantes par les salariés et la direction.

Ce changement d'orientation n'est pas anodin ; en effet, cette décision a été prise en l'absence de notre contact chez XK. Elle l'a découverte au retour de ses congés et en a été très surprise. C'était une illustration, selon nous, de ce qui se passait alors dans la communauté managériale de cette entreprise, en écho aux résultats du baromètre interne. Le choix d'utiliser l'AI pour les AES renvoie aussi une perception sur l'AI : il s'agit d'une méthode d'animation de groupe… et non de management.

Ainsi, la démarche AI est retenue pour contribuer à l'animation du dialogue social d'une entreprise.

Le choix du processus et son déroulement

Recontactés fin août, une offre est présentée en septembre. Et une première rencontre avec le Comex a lieu le 14 octobre au cours de laquelle l'intervention est précisée.

Le processus retenu a été le suivant :

Étape 1 – Prise en compte et analyse des résultats de l'enquête France.

L'expertise de Pragma dans ce domaine permettait d'identifier et de préciser les sujets des AES. Cela a été aussi l'occasion d'anticiper ce qui allait se jouer dans les AES, et donc d'en tenir compte dans la préparation.

Étape 2 – Préparation de l'animation des ateliers, avec un groupe projet, en mobilisant le Comex sur la formulation d'une ambition et le choix des thèmes.

C'est un moment clé de notre intervention puisque nous avons pu «embarquer» le Comex dans la démarche AI. D'une posture initiale «distante et peu engagée» (nous déléguons à un sous-traitant l'animation des ateliers d'expression), nous avons pu positionner le Comex en véritable «commanditaire» d'une démarche invitant les salariés à explorer leurs réussites, à exprimer leurs souhaits et à formuler des propositions très concrètes sur deux thèmes clés pour l'entreprise : vivre les changements et le plaisir de notre métier. Sans cet engagement du Comex, nous avions décidé de ne pas poursuivre notre intervention. La démarche AI n'est pas une méthode d'animation de groupe.

Étape 3 – Réalisation des AES (18 ateliers de 4 heures) – Phases «Découverte» et «Design».

Le format des ateliers retenu est aussi intéressant à décrire. Chaque atelier de douze participants volontaires a été ouvert par un membre du Comex. La phase d'entretien en binôme s'est déroulée sur quarante minutes. Le partage des histoires et des souhaits s'est fait en sous-groupes de six pendant une heure. Les participants ont ensuite été invités à exprimer le thème sur lequel ils souhaitaient faire des propositions concrètes (en mode forum ouvert). Les propositions ont été formulées et transmises en fin de séance au groupe projet sous forme de fiches.

Étape 4 – Synthèse des expressions avec un groupe projet élargi.

Plus d'une trentaine de fiches ont été rédigées. Le groupe projet élargi à des collaborateurs volontaires pour participer à la synthèse s'est réuni à quatre reprises pour préparer, d'une part, la synthèse des propositions et, d'autre part, pour préparer avec les *core leaders* la présentation des principaux éléments au Comex. L'élément clé est d'accompagner le groupe projet à présenter la synthèse en un document d'aide à la décision.

Étape 5 – Présentation au Comex de quelques fiches actions et programmation du déploiement.

L'étape 3 s'est déroulée du 16 décembre 2013 au 24 janvier 2014. L'étape 4 s'est déroulée du 9 janvier au 21 mars 2014. Le 24 mars a débuté l'étape 5.

Les principaux résultats obtenus

La démarche d'expression des salariés a été revalorisée. Sur la base du volontariat, dans un contexte de tension, voire de défiance pour certains, le taux de participation aux ateliers a été supérieur à 70 %. À la suite des premiers ateliers, le bouche-à-oreille a très bien fonctionné.

Divers témoignages ont été recueillis : « Je suis venu avec un *a priori* négatif – étant donné les précédentes éditions des AES. J'en ressors très satisfait. » « Par rapport aux précédentes éditions, où nous pouvions ressortir "ébranlés" tant les contributions étaient négatives, cette année j'en ressors avec de l'énergie. »

« Finalement j'ai pu aborder tous les sujets. » « La question sur les souhaits permet vraiment d'évoquer les sujets qui nous tiennent à cœur. »

L'expression orientée sur les réussites a été un succès. L'objection autour du cadre proposé par l'AI (thèmes identifiés à l'avance, guide d'entretiens) constituant un frein à l'expression libre a été dépassée.

L'identification et le déploiement d'actions concrètes, issues des AES :

* la conduite et le pilotage des changements en « mode projet » plutôt qu'en mode « réaction aux commandes du groupe » ;

* l'ouverture d'un chantier sur le parcours métier et l'animation des forces commerciales regroupant plusieurs actions concrètes (évolution des challenges, communication sur les mobilités…) ;

* et enfin un ensemble d'actions sur la communication siège-terrain (modalité de préparation des campagnes…).

Ces thèmes d'actions font directement écho aux résultats du baromètre interne. L'AI a permis de les explorer en profondeur et surtout d'en dégager des actions concrètes sur lesquelles les salariés étaient prêts à s'engager.

Les principaux enseignements

Le premier enseignement porte sur la capacité d'un collectif – plutôt en retrait et en doute, voire en défiance – à se remobiliser et à redonner sa confiance à partir d'un dialogue et d'un échange en vérité ; c'est-à-dire sincère sur la situation et appréciatif sur les motivations et les souhaits.

Les salariés sont passés d'ateliers en mode «expression libre», durant lesquels ils pouvaient s'exprimer sur tous les sujets possibles, à une expression thématisée et dans une orientation appréciative. La contrainte ainsi proposée est «exquise», car les thèmes sont positifs, mettant en valeur les salariés. Cette contrainte exquise, perçue au début comme un frein, a en fait été très bien accueillie : «Ça fait du bien de s'exprimer sur des sujets positifs...» «Avant, c'était un défouloir qui ne servait à rien...»

D'où l'importance d'engager la direction dans une démarche AI : nous sommes passés d'une commande pour «animer de manière différente et astucieuse les AES» à un projet impliquant les différentes parties prenantes de l'entreprise, chacune dans son rôle. Le temps d'accompagnement des différentes parties prenantes est comparable à celui déployé sur un projet ; la démarche AI n'est pas seulement une modalité d'animation, mais bien une démarche en mode «projet» mobilisant trois groupes d'influence : les commanditaires/financeurs ; le groupe projet ; les bénéficiaires. Ce serait même prendre un risque que de cantonner l'AI à une méthode d'animation.

Les adaptations de la démarche AI qui ont porté leurs fruits :

- un format de quatre heures pour une phase «Découverte» et une phase «Design» ;
- une animation «pédagogique» des ateliers pour «sensibiliser» les participants à ce que «provoque» l'AI ;
- l'usage des métaphores pour faire la synthèse des ingrédients de réussite et des souhaits.

Enfin, l'articulation Enquête interne et AI est pertinente sur plusieurs points :

- l'analyse des résultats de l'enquête interne nous a permis de préciser les thèmes et l'ambition avec le Comex ;

- l'analyse a aussi permis d'appréhender la dynamique interne et ajuster notre intervention ; ainsi, la communauté managériale ressortait de l'enquête comme en grande fragilité, ce qui nous a préparés aux différents échanges préparatoires et aux réactions lors de certains AES réunissant les managers.

Créer une coopération entre équipes

Cette intervention et sa rédaction ont été réalisées par Thérèse Labanowski, coach certifiée, consultant en ressources humaines, certifiée en *Appreciative Inquiry* par l'université de Cleveland et l'Institut français d'*Appreciative Inquiry*.

La société, le contexte

La direction du crédit d'un grand groupe bancaire international doit adapter son organisation et ses process pour correspondre aux standards de productivité du groupe en termes de décision de dossiers de crédit tout en maintenant un bon niveau de qualité de maîtrise des risques.

La question posée, les objectifs

Le directeur du crédit évoque ainsi la problématique : les salariés des équipes concernées par cette nouvelle exigence de la maison mère sont de bons professionnels habitués à faire un travail de qualité suivant une certaine organisation. L'objectif est d'augmenter très significativement le volume de décisions de crédit par jour et par personne, ce qui nécessite de revoir l'organisation et d'adapter l'ensemble des process. Cependant, les salariés ne souhaitent pas modifier leur façon de travailler au motif qu'une accélération du nombre de décisions retirerait de la qualité et de l'intérêt au travail.

Le directeur du crédit pense que si les analystes-décideurs s'appuyaient davantage sur les études transmises par le réseau bancaire pour décider sans refaire le contrôle du dossier, ce serait possible. Il évoque également la difficulté pour ces salariés seniors d'accepter le changement de méthode de travail et d'organisation, tous les process « métier » étant à revoir, il serait souhaitable que cela soit conduit par ces mêmes professionnels.

Le choix du processus et son déroulement

À la présentation de la démarche AI, le directeur du crédit a tout de suite été séduit par l'idée de solliciter les salariés en les mettant à contribution. Il marque aussitôt son accord pour conduire le changement de manière «appréciative», un rendez-vous est pris avec son comité de direction pour travailler sur la «vision».

La réunion débute par une introduction du directeur du crédit qui rappelle à son Codir l'impérieuse nécessité de se mettre en conformité avec l'organisation du groupe et pour ce faire de la nécessité de revoir l'organisation actuelle ainsi que les process. Il exprime son souhait d'utiliser la démarche appréciative particulièrement adaptée à la situation car elle fait appel aux compétences et réussites déjà acquises, elle s'appuie sur la créativité des salariés qui deviennent «partie prenante» du changement.

À l'aide d'une histoire, la démarche est expliquée et l'adhésion vite obtenue pour exprimer une vision commune, l'orientation positive de la direction du crédit.

Un membre du Codir exprime cependant sa crainte de décevoir les salariés si l'entreprise n'est pas en mesure d'aller au bout d'une telle démarche, et qu'il serait dangereux de faire rêver les salariés en vain.

Après un échange fructueux sur l'engagement de la direction à tenir compte des demandes qui seront formulées dès lors qu'elles seront validées par eux, les membres du Codir adhèrent, même le plus résistant, et l'expression de la vision commence à se construire et prend de la hauteur jusqu'à devenir audacieuse :

«Créer une coopération permanente entre les équipes du crédit et le réseau bancaire, permettant d'optimiser le dispositif de décision de crédit.»

Nous terminons la réunion par la construction du groupe «projet», le choix des personnes et de l'organisation. Le Codir ne donne que deux demi-journées pour mener la démarche, une pour former les membres du groupe «projet» et une autre pour les deux étapes «Découverte» et «Devenir».

Les questions rédigées par le groupe «projet»

1. Décrivez une expérience professionnelle réussie dans laquelle vous vous êtes senti(e) complètement engagé(e) dans une collaboration Crédit/Réseau. Quelle organisation, mode de fonctionnement vous a permis de réaliser cela ? (Histoire et faits)

2. Concrètement, quelles furent les pratiques, attitudes et compétences qui ont permis cette réussite? Quels ont été votre rôle, votre contribution? De quoi avez-vous été le plus fier? (Savoir-faire/ Savoir être)

3. Qu'est-ce qui vous procure dans votre activité le maximum de plaisir, de satisfaction? Qu'est-ce qui lui donne vraiment vie? (Motivation)

4. Quels sont les trois souhaits que vous formuleriez pour renforcer le lien et développer encore davantage un esprit positif et constructif dans votre relation Crédit/Réseau? (Rêve)

L'organisation se fait autour de cinq groupes de huit personnes animés par un membre du groupe «projet» comprenant deux personnes du réseau, un membre du groupe «managers» et cinq participants Crédit dans chacun des groupes.

L'objectif: faire aboutir concrètement le «rêve» issu du partage de la vision initiale.

À l'issue de la grande demi-journée «Découverte» et «Devenir», deux grands souhaits ont été exprimés par les groupes en plénière; ils pourraient être résumés ainsi:

1. «Mieux se connaître, construire un lien et le tenir / le faire grandir dans la durée.» Cela reprend les «rêves» exprimés sur ce thème: confiance réciproque, partenariat, connaissance réciproque des métiers et des personnes, coopération, travailler ensemble, aider et non punir, «qui fait quoi»...

2. «Travailler ensemble à simplifier le «process crédit» pour une plus grande efficacité commune. Cela reprend les rêves exprimés sur ce thème: partenariat, travail collectif, fluidifier/simplifier les processus pour plus d'efficacité et de compréhension réciproque, coopération, travailler ensemble...

Chacun de ces grands souhaits a donné lieu ensuite à une déclinaison de thèmes qui ont fait eux-mêmes l'objet d'un travail spécifique au sein de plusieurs groupes «projet» dont voici ci-dessous l'organisation pratique.

Constitution et fonctionnement des groupes de travail

Un groupe par thème, un responsable par groupe.

Chacun des groupes de huit personnes a eu pour objectif de décliner les sujets en actions concrètes.

Le groupe est composé de personnes qui ont porté les thèmes lors des phases «Découverte» et «Devenir». Pour plus d'efficacité, le travail au sein du groupe de travail se fait en sous-groupes de deux ou trois en fonction des sujets. L'utilisation des outils à disposition — téléphone, visioconférence et messagerie – permettront de limiter le nombre de déplacements et de réunions «physiques». Ceux-ci seront réservés en priorité à la mise en commun et à la validation lors des séances plénières du groupe de travail. Le calendrier des séances plénières du groupe est fixé lors de la première réunion avec la liste des livrables et l'attribution des chantiers aux différents sous-groupes constitués à cette occasion.

La remise des livrables au «groupe des managers» avec les actions à mettre en œuvre se fait au fil de l'eau par le responsable du groupe et au plus tard le 28 février. Bien entendu, chaque groupe peut solliciter, pour un sujet donné, la personne «experte» qui ne ferait pas partie du groupe.

Une fois défini l'ensemble des «livrables», et au plus tard le 1er mars, le groupe projet de suivi des actions sera constitué. Composé des responsables des groupes de travail, il assurera le suivi des actions mises en place et la communication des travaux et résultats.

Les principaux résultats obtenus

Ils dépassent de loin les attentes du comité de direction.

Tout d'abord du point de vue social, les salariés qui étaient plutôt désengagés (selon le dernier sondage social) ont retrouvé motivation et engagement. Ils ont tout de suite adhéré à la démarche appréciative. Les groupes ont travaillé rapidement, efficacement et ont fait des propositions concrètes en lien avec les thèmes qui avaient été retenus par le Codir et cela dans les délais fixés.

Sur le plan organisationnel et des process, le contrat a été rempli puisque «process» et «template» ont été revus et simplifiés, des procédures peu claires et trop lourdes ont été supprimées au profit de procédures (en plus petit nombre) courtes et explicites. L'organisation qui va se mettre en place, source de productivité, est dépoussiérée, avec la suppression de certaines étapes ou tâches jugées inutiles ou redondantes. Le système d'information crédit, revisité, sera mieux utilisé par l'ensemble des acteurs du process. Cette nouvelle organisation reposera davantage sur la confiance. Ces améliorations ont permis de redonner du temps aux salariés en charge de la décision de crédit qui pourront traiter deux ou trois fois plus de dossiers par jour, et ce dans de meilleures conditions organisationnelles.

Concernant le partenariat et la communication, chacune des directions, Crédit et Réseau commercial, s'est engagée à inviter les responsables opérationnels de l'autre direction à leur convention. La direction du crédit sera systématiquement présente lors des parcours de formation du réseau bancaire pour présenter les personnes, l'organisation et la gouvernance Crédit. Le Crédit participera à la lettre du réseau qui sera diffusée sur chacun des intranets «métier». La direction du crédit sera invitée systématiquement par le réseau bancaire lors des orientations commerciales touchant au risque de crédit et participera à la nomination des responsables d'entité.

Enfin, on créera une instance de suivi de ce dispositif pour qu'il tienne dans la durée.

Les principaux enseignements

La démarche appréciative était particulièrement adaptée à une situation de changement imposé, une approche en «*top down*» refusée par les équipes.

La démarche appréciative remettant l'homme au cœur du processus en partant de ses réussites et compétences de professionnels a permis de rassurer et de calmer le stress dû à l'inconnu. Le changement dans un tel processus est directement initié par la personne elle-même qui, en devenant actrice de son propre changement, devient également très innovante et créatrice de solutions nouvelles. Une telle créativité partagée devient contagieuse et la créativité collective est source de lien renforcé entre les équipes, d'engagement et d'intérêt pour le travail, donc de motivation.

En travaillant ensemble, chacun des salariés est sorti de son silo et a pu «refaire équipe». Chacun a été valorisé d'être sollicité, sur sa réussite, à donner son avis, sa créativité. La créativité collective devient alors un formidable élan de changement qui dépasse ce qu'aurait même imaginé un groupe de managers «en chambre», même très «challenging»!

Il y a vraiment eu un «avant» et un «après» démarche!

Collaborer pour développer l'entreprise

Cette intervention et sa rédaction ont été réalisées par Philippe Plissot, coach professionnel certifié en *Appreciative Inquiry* par l'université de Cleveland et l'Institut français d'*Appreciative Inquiry*.

La société, le contexte

L'entreprise est un Promocash dans l'Hérault, proche de Montpellier, du secteur de la grande distribution. Cette enseigne B2B est en franchise rattachée au groupe Carrefour, réservée aux professionnels de la restauration commerciale et du commerce alimentaire de proximité. Elle comprend 20 salariés.

La problématique identifiée par la direction repose sur deux constats :

- «une stagnation du développement économique de l'établissement»;
- «un climat social tendu avec un turn-over excessif».

La mission s'est déroulée de janvier 2011 à mai 2011.

La question posée, les objectifs

L'ambition de Promocash est de trouver des solutions pour chaque catégorie de métier afin d'accompagner ses clients dans le but de leur permettre de gagner du temps, de l'argent et le savoir-faire d'un professionnel.

J'effectue un premier travail d'accompagnement sur la stratégie de l'entreprise pour identifier le nouveau positionnement stratégique souhaité. Le diagnostic externe face à l'intensité concurrentielle démontre une forte proximité géographique, sa connaissance des métiers de la restauration ainsi que des qualités de la relation «accueil conseil» avec ces professionnels clients.

L'ensemble de l'analyse effectuée, le modèle de Porter, l'analyse et la matrice de synthèse SWOT, le canevas stratégique de Kim et Meauborgne (Océan bleu), amène la direction à «définir» les choix stratégiques suivants.

Objectif – Management de l'organisation du Promocash :

- relancer le développement économique de Promocash dans une dynamique «services clients» face à l'intensité concurrentielle ;
- adapter et améliorer l'organisation dans l'entreprise en réponse à la stratégie ;
- coconstruire une organisation favorisant une meilleure prise en compte du client et de son environnement, un meilleur développement de la structure, plus de rentabilité, plus d'efficacité ;
- favoriser l'expression de chacun ;
- s'appuyer sur les ressources et compétences individuelles et collectives.

Le choix du processus et son déroulement

Le choix du processus et de son mode opératoire par la direction ont été motivés par la difficulté de l'actuel climat social et le besoin de créer une dynamique collective et créative. La volonté exprimée était de répondre à la fois aux besoins de la stratégie, mais aussi de transformer le climat social difficile en une dynamique collaborative permettant à chacun de contribuer aux «solutions».

Le travail collaboratif a été préparé par des échanges avec la direction sur la base de différents apports issus de recherches en sciences sociales, de la psychologie positive et des neurosciences.

Ces informations et la réflexion qu'elles suscitent conduisent la direction à accepter la démarche *Appreciative Inquiry* pour explorer et mettre en œuvre les réponses répondant à sa nouvelle stratégie.

Le déroulement du processus en cinq étapes : Définition – Découverte – Devenir – Décision – Déploiement

Étape 1 – «Définition»

Pour Promocash, cette étape a consisté en premier à reprendre les résultats du choix stratégique. Ces choix ont été déclinés en objectifs qui seront partagés avec tout le personnel pour les étapes suivantes.

Nous voulons :

- coconstruire une organisation favorisant une meilleure prise en compte du client, de ses besoins et attentes, plus de proximité ;
- nous diriger vers un meilleur développement de la structure, plus de rentabilité et plus d'efficacité ;
- favoriser l'expression et la participation de chacun et s'appuyer sur les compétences de tout le personnel.

Un comité de pilotage de cinq personnes a été constitué pour organiser et planifier toutes les étapes, il a élaboré les questions appréciatives qui serviront de support à l'étape suivante.

Étape 2 – «Découverte»

Le guide d'entretien était établi sur deux questions.

Question 1

Dans votre métier vous naviguez sur une frontière en déployant une double compétence : à la fois merchandising et commerciale avec une compétence dominante et une compétence N° 2 : Marchandising ++ et Commerciale + ou Commerciale ++ et Marchandising +.

1. Dans votre vie professionnelle vous avez probablement vécu un certain nombre de changements ou adaptations, décrivez-moi une expérience vécue avec succès dans votre compétence numéro 2, dans laquelle vous vous êtes

investi personnellement et qui a contribué à adapter, ajuster ou faire évoluer la qualité ou la rentabilité du service.

2. Concrètement, par rapport à cette expérience, comment vous y êtes-vous pris ? Qu'avez-vous fait, activé, pour en faire une réussite ?

3. Dans cette expérience, qu'est-ce qui vous a donné le plus de satisfaction, de plaisir ? Quelles étaient vos motivations ?

4. D'après cette expérience, quelles seraient vos idées (1 à 3), suggestions, pour optimiser votre activité, le développement du service et de la rentabilité ?

Question 2

Notre dynamique collective : quels sont les facteurs de cohésion du service et comment pouvons-nous la renforcer ?

1. Parfois, malgré les différences ou compétences qui pourraient nous séparer, nous parvenons à fonctionner en tant qu'équipe cohérente ; pouvez-vous me décrire une situation dans laquelle vous avez pu agir dans le sens de la cohésion de l'équipe alors que ce n'était pas si facile ?

2. Comment avez-vous fait ? Qu'est-ce qui a rendu cela possible ?

3. Quelles satisfactions en avez-vous retiré ?

4. Qu'est-ce que vous aimeriez faire de plus pour renforcer la cohésion de votre équipe ? de l'entreprise ?

Les interviews sont riches d'enseignement à plusieurs égards.

Premièrement sur la forme : la tension étant présente dans l'établissement avec un climat social difficile, je demande aux participants de mettre de côté leur rancœur, amertume et, avec des métaphores du monde sportif, de partager « entre eux » le meilleur de leurs expériences. Pendant les interviews, je me positionne à distance en observateur et je vois leur visage changer ; progressivement, le ton de la voix évolue, le corps est plus en mouvement, au fur et à mesure que chacun s'exprime avec détails sur ses réussites. Ils se mobilisent avec passion et les visages commencent à rayonner.

Sur le fond, les interviews démontrent, d'une part, qu'en fait les experts en merchandising ont de bonnes affinités avec les clients, des compétences relationnelles et de négociation et, d'autre part, que les commerciaux manifestent beaucoup d'intérêt et de connaissances dans le « merchandising », souhaitant plus d'interactions avec leurs collègues.

Je constitue un tableau des données issues des interviews : il répertorie les forces et atouts individuels et collectifs, ainsi que les compétences de l'ensemble des équipes Sec et Frais réparties sur tout le personnel en merchandising et en commercial.

Il démontre clairement les compétences mixtes des commerciaux en merchandising et, vice versa, des merchandisers en commercial.

Les souhaits prouvent l'intérêt et la motivation du personnel à sortir de ses fonctions classiques pour croiser sur d'autres tâches et ainsi donner plus de «sens à son travail» vis-à-vis du client et se sentir plus valorisé en élargissant son champ d'activités et d'acquisition de nouvelles compétences.

La présentation de ces tableaux a été faite à toutes les équipes simultanément. La lecture des diverses expériences de chacun et la prise de conscience de cette situation ont permis d'amorcer le travail collectif de visualisation de l'étape suivante.

Étape 3 – «Devenir» (*Dream*)

Ce travail s'est effectué en atelier créatif par petits groupes.

Il a permis de dessiner collectivement la représentation suivante :

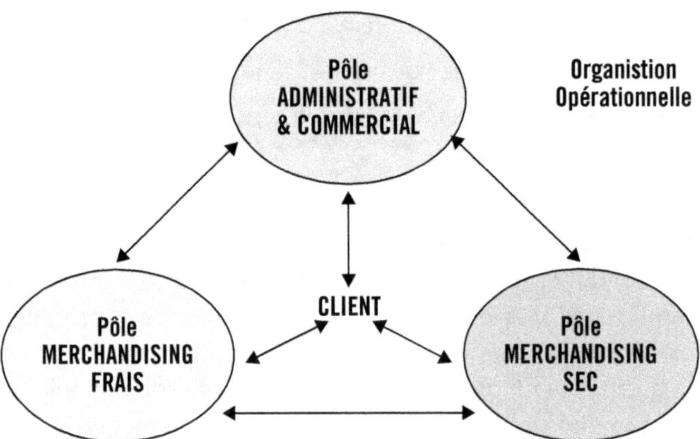

Cette représentation est intéressante car elle positionne le client au centre du système et centre les échanges sur la finalité de l'entreprise.

De plus, on y voit les demandes de liaisons entre le merchandising et les commerciaux-développeurs.

Afin de pouvoir comprendre comment cela pourrait se traduire en termes d'organisation, les équipes avancent sur la réflexion et élaborent progressivement le schéma interactif suivant :

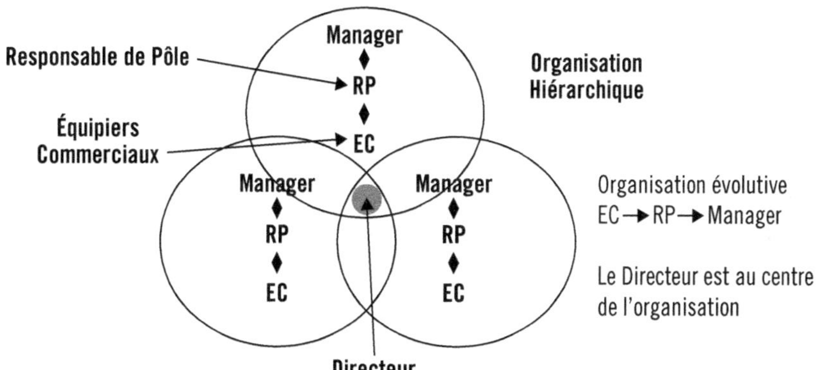

Il est intéressant de noter le chevauchement des compétences et les interconnexions entre les divers métiers qui sont bien mis en valeur. Par ailleurs, il y a modification de l'organisation initiale de type râteau au profit d'une vision et organisation plus systémique.

Étape 4 – «Design»

Les équipes sont conduites à coconstruire comment leur vision se traduirait concrètement sur le terrain.

Les réflexions, échanges en binômes, sous-groupes puis en partage en grand groupe ont permis d'apporter petit à petit des réponses significatives en termes de nouvelle organisation et de répartition des tâches.

Ainsi, dans chaque pôle Sec et Frais, on identifie deux responsables : un en merchandising, l'autre en développeur, les équipiers ont des rôles mixtes au sein de leurs pôles, pouvant se mettre au service du merchandising et également du développeur. Ils sont en relation directe entre le merchandising, le développeur et le client. Les services administratifs sont en lien avec les deux pôles.

Un nouvel organigramme a donc été conçu avec un mode de fonctionnement plus transversal de type projet.

Étape 5 – «Déploiement»

Pour une mise en œuvre concrète sur le terrain, les équipes projet ont adapté les fiches de poste en tenant compte de la nouvelle répartition des tâches et fonctions dans cette organisation. Ensuite, le nouveau modèle d'organisation a été directement mis en place dans la structure.

Les principaux résultats obtenus

Le chiffre d'affaires a augmenté de 9 % dans les trois mois qui ont suivi la mission et le nombre de clients professionnels de 2 % ;

La très forte implication du personnel a complètement transformé les rapports sociaux. Le recrutement des nouveaux salariés s'inscrit dans cette nouvelle organisation et dans un véritable climat positif collaboratif.

Les coûts cachés ont été réduits : plus de prise de conscience, plus de maturité et de prise de responsabilité. Les équipes « gaspillent » donc moins et les stocks sont mieux gérés.

Les principaux enseignements ?

Cette expérience fut très enrichissante à plusieurs niveaux.

Elle a permis de mener un projet d'entreprise depuis ses nouveaux choix stratégiques jusqu'à sa réalisation opérationnelle.

L'entreprise a fait un saut de valeur tant sur le plan humain que sur le plan de son positionnement stratégique et de sa relance économique.

La direction générale de Carrefour a apprécié la démarche aussi bien au niveau stratégique qu'au niveau du management collaboratif avec son apport en termes d'amélioration de l'organisation,

Cette démarche a été présentée en français et en anglais lors des soutenances de thèse du master européen en management et stratégie d'entreprise. Elle a suscité auprès des jurys une réelle curiosité, de l'intérêt et a rencontré un vif succès.

Le succès de l'ensemble du process de cette approche transversale et collaborative, jusqu'à l'obtention des résultats désirés, repose sur la culture et l'ouverture et l'engagement de la direction.

Diriger en Tunisie après le Printemps arabe

Cette intervention et sa rédaction ont été réalisées par Philippe Plissot, coach professionnel certifié en *Appreciative Inquiry* par l'université de Cleveland et l'Institut français d'*Appreciative Inquiry*.

La société, le contexte

SIA'AM est une entreprise industrielle tunisienne internationale spécialisée dans les amortisseurs pour véhicules légers et poids lourds. Elle est un fournisseur première monte pour les Renault Dacia Logan et Sandero et de pièces de rechange «origine» pour les groupes Renault-Nissan et PSA Peugeot Citroën.

Son effectif est de 280 personnes avec un taux d'encadrement de 12 %, sur un site de production de 5 000 m^2 qui va passer d'ici à 2016 à 10 000 m^2.

L'entreprise a traversé ces trois dernières années une grosse période de perturbation, dans un contexte de révolution civile (Printemps arabe) où régnait une forte instabilité économique et sociale.

SIA'AM a perdu certains de ses cadres et doit également se remobiliser sur son positionnement stratégique vis-à-vis de la concurrence.

Un turn-over conséquent des directeurs a amené une recomposition de l'équipe de direction.

La question posée, les objectifs

En 2013, la nouvelle direction ne fonctionne pas encore au mieux, les directeurs de chaque service ont besoin de davantage se connaître pour optimiser leur comportement, le partage et la circulation de l'information et la gestion des projets communs.

La direction souhaite voir comment relancer son activité économique avec son projet «Ambition 2016», l'objectif étant de se projeter sur les trois prochaines années en termes de développement national et international et de pouvoir décliner les actions à déployer.

M. Ahmed Hemtati, PDG de SIA'AM, par l'intermédiaire du MIFAI (Maghrebian Institut for *Appreciative Inquiry*, société partenaire de l'IFAI) et de Power IT, souhaite mener un *team building* pour répondre à ses besoins. M. Sofiane Ouinniche, directeur associé du MIFAI et de Power, IT me fait intervenir présentant la triple compétence *team building*, *Appreciative Inquiry* et stratégie.

Le choix du processus et son déroulement

Un travail de préparation à distance et une visite sur place me permettent d'analyser le contexte, les enjeux et d'imaginer de proposer une démarche *Appreciative Inquiry* combinée à d'autres approches :

• un parcours d'orientation ;

- l'utilisation d'une grille de lecture des profils selon Marston & Young/Insight ;
- une séance de sophrologie collective.

Il débouche également sur la définition de l'orientation générale de SIA : « Projet "Ambition 2016". En 2016, SIA doit être le premier fournisseur d'amortisseurs de rechange pour la zone méditerranéenne et figurer au panel première monte des constructeurs assemblant des véhicules au Maghreb. »

Les outils et méthodes utilisés sont :

- des apports fondés sur les neurosciences, la créativité et les fondamentaux de l'*Appreciative Inquiry* ;
- le processus *Appreciative Inquiry* : « Découverte », « Devenir » *(Dream)*, « Design » ;
- un parcours d'orientation sur place pour mobiliser les équipes en lien avec le projet ;
- l'utilisation du modèle de Marston & Young (Insight) pour identifier la personnalité de chacun et comprendre comment les différences vont construire les forces et la cohérence de l'équipe ;
- la sophrologie pour démarrer un processus d'introspection favorable à la construction de la vision collective en préalable à l'étape « Devenir » *(Dream)*.

Jour 1

Matin

Le groupe est constitué du PDG, de la direction RH, des directions administratives et financières, opérations industrielles, Recherche et Développement, qualité, commerciale et logistique.

- Partie 1 : introduction et exposé de présentation : la stratégie de Walt Disney, les neurosciences, la créativité et la démarche *Appreciative Inquiry* : origine, acteurs et principes.

L'objectif est de permettre à chacun des membres de l'équipe de comprendre comment nous allons nous y prendre pour se mettre en créativité collective afin de sortir le meilleur de l'équipe et d'écrire le concept du projet « Ambition 2016 ».

- Partie 2 : atelier « Découverte » *(Discovery)* de l'*Appreciative Inquiry* avec des interviews en duos.

Des questions appréciatives sont posées :

1. Souvenez-vous d'un moment ou d'une période difficile où vous avez connu une vraie coopération interservices en tant que directeur avec un

esprit d'équipe remarquable au sein de SIA'AM et que vous pouvez qualifier aujourd'hui de succès...

2. Qu'est-ce qui a rendu une telle coopération possible (explorez la méthode, les systèmes de communication, les process, les comportements, l'écoute, la confiance, les qualités de leadership, la formation, les opérations de cohésion...)?

3. Donnez un exemple de la meilleure équipe à laquelle vous avez appartenu ou que vous connaissez. Quels étaient les facteurs de réussite?

4. Si vous vouliez encore plus développer ce sentiment d'appartenance et d'esprit collaboratif au sein de SIA'AM, quelles actions engageriez-vous? Quels seraient vos souhaits (1 à 3)?

Le partage d'expérience a démontré que chacun a une très forte compétence et a déployé des forces et des atouts dans son domaine pour permettre à la société SIA'AM de franchir ce cap difficile.

Ensuite, nous nous regroupons sur les forces et atouts ainsi que les souhaits d'amélioration.

Après-midi: un atelier «Orientation»

Un atelier d'orientation en équipe combinant le repérage dans un parcours complexe et des questions en lien avec l'objet de l'entreprise est préparé et organisé.

Les enseignements de l'atelier: le groupe remarque que ce qui a été significatif en orientation l'est aussi dans le quotidien de l'entreprise.

Fin d'après-midi: travail avec le test Insight

Analyse des forces et des complémentarités du comité de direction SIA'AM, mise en évidence des facteurs clés de succès pour gagner en efficacité pour chacun des directeurs avec son service. Forts de la prise de conscience de ces éléments, nous abordons l'étape 3 «Devenir» du processus de l'*Appreciative Inquiry*, qui permet, par la créativité, de coconstruire la vision partagée du projet «Ambition 2016».

En soirée après le dîner

Séance de sophrologie avec toute l'équipe de direction sur le thème: Projection dans l'entreprise SIA'AM à trois ans en 2016.

La sophrologie permet une introspection et une visualisation grâce à la représentation mentale, cette séance précède le travail collectif «Devenir».

Échange en groupe en fin de séance, chacun partage et commente sa «vision» et apprécie la richesse et la pertinence des éléments visualisés.

Jour 2

Matin

Pour la phase «Devenir»: séquence «graphisme» avec répartition en deux groupes où chacun partage sa vision; puis chaque groupe élabore une vision commune; enfin, chaque sous-groupe présente ses productions.

Après-midi: séance de travail «Design»

Les deux équipes se mélangent pour travailler sur la phase «*Design*» et travaillent de nouveau en deux sous-groupes en croisant les deux équipes précédentes. Le groupe réalise ainsi l'écriture du concept à partir de la vision partagée dans la phase «Devenir».

Les détails sont précisés dans un grand tableau avec les items suivants:

- objectifs, axes stratégiques – axe de travail et plan d'action;
- moyens et ressources – planning de réalisation.

Fin d'après-midi: déploiement, phase de synthèse

La dernière partie de la journée est consacrée à une synthèse des différents travaux des deux jours et aux perspectives de déploiement du plan d'action, à la place de la communication, à l'importance de mettre l'humain au centre de l'entreprise, et à communiquer à l'ensemble de l'entreprise la «stratégie» pour faire partager la «vision».

Les N-2 et quelques opérationnels seront associés au déploiement afin de revisiter certains aspects de l'organisation, de mieux répartir les compétences, les savoir-faire et de gagner en efficacité, ceci dans un climat «positif», récréatif et convivial tel que l'équipe de direction l'a vécu lors des deux jours de séminaire.

Les principaux résultats obtenus

L'équipe a gagné en maturité dans cette démarche «d'entreprise apprenante» et d'intelligence collective. Les valeurs et une réelle vision de l'entreprise ont été partagées en temps réel.

Le PDG et son équipe ont avoué être eux-mêmes surpris par la richesse de la production qu'ils n'auraient pas pensé pouvoir atteindre dans un temps beaucoup plus long.

L'entreprise a acquis une cohésion, une complicité et une réelle amélioration dans la connaissance de l'autre!

Des engagements forts sur un nouveau système de fonctionnement ont été pris.

Un plan d'action très étoffé, ambitieux, avec des précisions techniques, financières et matérielles détaillées a été établi.

Les principaux enseignements

La puissance de l'*Appreciative Inquiry* suscite l'implication de chacun.

L'atelier «Orientation» a contribué à la mobilisation du comité de direction entre la phase «Découverte» et le phase «Devenir»: les effets des métaphores sont très puissants et permettent de regrouper et de développer la communication nécessaire à la démarche AI proposée dans un format aussi court.

L'apport d'Insight au processus est très intéressant car il s'inscrit dans une démarche «positive» démontrant avec élégance et pertinence la complémentarité des différences qui fondent justement une riche équipe plurielle.

La sophrologie a permis à chacun, après s'être nourri des facteurs clés de succès de la phase «Découverte», de se construire une représentation mentale concrète du projet «Ambition 2016»: lors du partage, chacun a été étonné par les détails de la vision de l'autre. Dans la phase «Devenir», les idées ont fusé avec une production surprenante, enrichissant ainsi la démarche AI.

On peut donc enrichir le processus de l'*Appreciative Inquiry*, sortir des sentiers classiques, et emmener avec succès l'entreprise si on le fait avec des approches cohérentes entre elles, avec logique, respect, bienveillance, passion, engagement et empathie. Le retour sur investissement est alors très fort!

Apprendre ensemble avec l'*Appreciative Inquiry*

Cette intervention et sa rédaction ont été réalisées par Catherine Merhand, coach professionnelle certifiée en *Appreciative Inquiry* par l'université de Cleveland et l'Institut français d'Appreciative Inquiry et formatrice en entreprise.

Ouvrir le champ des possibles

La démarche *Appreciative Inquiry* m'a tout de suite séduite. Aborder autrement les changements dans l'entreprise, à contre-pied des habitudes, en se fixant sur les succès et les forces de l'organisation et des personnes, apparaît comme une évidence et m'a remplie d'une «bouffée d'air pur»!

Aujourd'hui, afin d'intégrer pleinement la philosophie de la démarche AI, je repère toutes les occasions d'utiliser tout ou partie de la démarche dans mon quotidien professionnel auprès des entreprises. Eh oui, et c'est là l'intérêt, il est possible d'appliquer partiellement le processus, de faire des mini AI !

Je m'approprie la démarche en l'intégrant dans les formations que j'anime, lors d'accompagnement en coaching individuel ou collectif, ou au cours de séminaires sur un sujet à développer.

Les objectifs et la finalité restent identiques : changer le cadre de référence des personnes en les invitant à aborder les sujets autrement, et explorer au préalable ce qu'elles savent bien faire. Il s'agit de développer chez elles l'énergie positive qui les engage à ouvrir «le champ des possibles» et à agir pour atteindre ce qu'elles souhaitent.

Utiliser l'*Appreciative Inquiry* en formation, c'est avant tout adopter une «pédagogie appréciative» en utilisant principalement l'orientation positive et le questionnement appréciatif. Je peux l'appliquer sur tous les thèmes comme le management, le développement personnel ou la vente, par exemple.

Le cœur du processus AI est la phase «Découverte». Elle offre la possibilité à chacun de s'exprimer et de partager ses expériences réussies, ses forces, ses talents et ses motivations. Cette phase est donc cruciale : donner la possibilité à chacun d'apprendre de l'autre lors des interviews en duos, récolter ensuite, en sous-groupes et en groupes, les pratiques, attitudes et compétences les plus porteuses sur le sujet traité, reprendre en groupes les souhaits individuels d'apprentissage.

Cette séquence «Découverte» peut débuter dès le début de la formation. Si je sens que le groupe n'est pas prêt à se livrer tout de suite, je l'immerge progressivement dans le sujet en demandant aux participants, par exemple :

- de dessiner «une carte mentale» ;

- «Qu'est-ce que cela implique d'être manager pour vous, aujourd'hui ?» (notez le mot «manager» au centre du *paperboard* et les réponses des participants autour) ;

- d'exprimer le mot «émotion» qui vient spontanément quand on parle de management.

Je prépare les questions appréciatives en amont et les distribue afin que chacun s'approprie les questions. Avant de débuter les interviews, et toujours pour préparer le groupe à se livrer, je raconte ma propre histoire en relation avec le sujet traité, ou j'engage une première interview avec un participant.

Il s'agit ensuite pour moi de lier les apports théoriques aux expériences et aux attentes de chacun, que j'ai regroupées par thèmes ou par types de questionnement. Les apports théoriques sont distillés, au moment le plus opportun, pendant la «récolte» des expériences ou en conclusion de tous les retours, par exemple.

Extrait d'une formation : « Développer son leadership personnel »

Notre présentation de leadership	Parmi la liste que je vous propose, choisissez chacun un nom. À votre avis, qu'est-ce qui caractérise ce leader, qu'est-ce qui vous marque ?
Apprécier et explorer comment s'exprime votre propre leadership (« Découverte » et « Devenir »)	Choisissez un moment de votre vie personnelle ou professionnelle où vous avez exprimé votre leadership et dont vous êtes fier ? Quels qualités, forces et talents présents chez vous pensez-vous avoir utilisés ? Quelles satisfactions et motivations en avez-vous retirés ? Quels sont les trois points, en termes de comportements et attitudes que vous souhaitez maintenir, voire développer chez vous pour exprimer votre leadership ?
Études de cas, jeux de rôle, exercice (« Décision » et « Déploiement »)	Dans quelle situation à venir souhaitez-vous utiliser votre potentiel de leader tel que vous venez de l'exprimer ?

Une énergie nouvelle en formation

Le premier enjeu dans une formation «appréciative» est de mettre en condition les personnes à utiliser leur savoir, savoir-faire et savoir être, à l'inverse de ce qui est produit habituellement par les formateurs. En clair, les participants ne reçoivent pas une formation clé en main, mais élaborent une méthode personnelle qui s'appuie sur ce qu'ils sont.

Le deuxième enjeu réside dans la capacité du formateur à alterner une position haute d'expert sur le sujet traité et une position basse de coach, en soutien dans l'apprentissage.

Être «challengée» sur ses deux enjeux me donne de l'énergie et du plaisir. J'aborde et je vis les formations différemment, et surtout je les fais vivre autrement aux participants: «livrer» et «revivre» ses propres expériences en les racontant à des oreilles attentives leur permet de se connecter à eux-mêmes et de s'ouvrir plus facilement à d'autres pratiques. Je ne suis plus le seul «sachant», le groupe échange ses savoirs, coconstruit ses solutions, modélise ses pratiques. Une énergie nouvelle circule dans les formations.

L'*Appreciative Inquiry* devient une ligne conductrice pour moi-même et la pratique de mon métier. Je complète désormais l'AI avec les apports de la psychologie positive, un tout parfaitement cohérent et agréable à vivre et à faire vivre!

CHAPITRE 5

Réflexions et perspectives

Les conditions du succès

> *« Nothing short of everything will really do. »*
> Aldous Huxley

La mesure des méthodes

Il est tentant, lorsque l'on présente une nouvelle approche, d'en assurer la promotion avec enthousiasme ; de là à proposer une panacée, il y a un pas que nous ne franchirons pas.

Nous avons précisé (cf. p. 70), par exemple, qu'il n'est pas toujours possible d'envisager immédiatement une intervention AI : l'organisation peut avoir besoin de passer par une phase de diagnostic classique pour dégager une orientation stratégique, des conflits peuvent nécessiter d'être réglés auparavant, des restructurations effectuées, des formations préalables proposées...

Certaines équipes, et ce peut être particulièrement vrai dans les secteurs de la santé ou éducatifs où la personne même des professionnels est fortement en jeu, ont parfois intérêt à traquer la part d'ombre qui habite chacun et le groupe pour mieux l'identifier et la maîtriser... D'autre part, l'analyse des dysfonctionnements, des difficultés, voire des souffrances parfois bien réelles[1], relève d'une démarche de diagnostic qui peut être tout à fait adaptée à un système malade à un moment de son histoire.

De la même façon, il arrive que des personnalités perverses se hissent à de hautes fonctions ou à des postes clés et perturbent gravement le fonctionnement de l'organisation en délivrant des messages dévalorisants, en formulant des objectifs impossibles, en manipulant les autres... Elles peuvent être « contenues » dans le cadre d'une démarche collective entraînant une large adhésion, mais ce n'est pas toujours le cas. Il est donc parfois nécessaire de recourir à des

---

1. Claude Dejours, *Souffrance en France*, Le Seuil, 1998.

moyens plus expéditifs pour protéger un service, une équipe ou une entreprise de telles personnalités avant toute intervention de type AI[1].

L'AI constitue cependant une option intéressante dans les nombreux cas évoqués au début de cet ouvrage si :

- un travail sérieux d'analyse de la demande est effectué ;
- la capacité de l'organisation à se saisir d'une telle démarche est vérifiée.

Traiter le « négatif »

Éluder les traits négatifs de l'organisation, sa part d'ombre, serait une erreur... L'AI fait le choix de travailler sur les ressources et les souhaits par méthode et souci d'efficacité. Ce qui ne fonctionne pas ne doit cependant pas être nié : le constat des dysfonctionnements est accueilli et respecté, et il est souvent à l'origine du projet de changement lui-même, mais ce n'est pas l'objet de l'AI que de le traiter sous l'angle du déficit.

Nous avons vu que le travail de formulation de l'orientation permettait de souligner son caractère positif et constructif. Lors du processus, une ou plusieurs personnes peuvent vouloir exprimer des critiques, des regrets, en cours d'entretien ou lors de réunions de groupe... Plusieurs attitudes se sont avérées utiles dans de tels cas :

- reformuler pour prendre acte du propos et renvoyer une expression plus complète à un autre moment (une instance adaptée dans l'entreprise, certaines réunions de travail) ou à un interlocuteur adapté. Un de mes clients conduisant une mini AI proposa aux participants qui souhaitaient exprimer quelque chose de négatif de l'écrire sur un « tableau noir » dans le but de le travailler plus tard (ce qui ne fut d'ailleurs pas nécessaire) ;
- accueillir le propos avant de recentrer sur le sujet de l'entretien ;
- recadrer : faire exprimer l'attente sous-jacente, ce qui revient à mettre en évidence la face positive de la difficulté ou de la plainte, repérer des moments où cette attente était satisfaite et les faire raconter, transformer alors l'attente en souhaits pour l'avenir...

---

1. On prendra la mesure du pouvoir de nuisance des personnalités perverses en lisant le livre de Marie-France Hirigoyen, *Le Harcèlement moral*, La Découverte et Syros, 1998. À titre d'exemple, voici ce que me raconta une cliente confrontée à ce type de personnes : « J'avais, lors du premier semestre 2004, dépassé de 20 % mes objectifs, j'abordais donc mon entretien d'évaluation confiante... Mon directeur général réfléchit un moment et me déclara : "Ces résultats me posent un problème : comment avez-vous pu être aussi inefficace sur votre prévision d'objectifs !" »

Dans le processus AI, les difficultés, dysfonctionnements et plaintes apparaissent en négatif (au sens photographique du terme) des souhaits et rêves... Cela peut être expliqué en début de processus si la question (ce qui arrive souvent) est posée.

Les composantes du succès

Les soutiens et sponsors

L'engagement plein et entier de la direction de l'entreprise ou du service est la première condition. Ainsi que nous l'avons évoqué plus haut, cet engagement conduit celle-ci à clarifier ses objectifs, à se poser la question de la participation des équipes et à vérifier si elle est prête à prendre appui sur les résultats du travail. Il est bien sûr essentiel que le cadre du projet soit clair et sécurisant pour le dirigeant lui-même.

Des sponsors internes, qui apportent leur soutien formel ou informel, sont utiles lors du lancement de l'intervention pour mieux faire comprendre la philosophie de l'approche et le processus des 5 D. Ils sont également précieux pour soutenir les différentes phases du travail et aider à dépasser les moments d'incertitude.

La participation

Le travail en duos et en petits groupes, qui créent un climat de confort et de sécurité pour l'expression, l'écoute des expériences et propositions de chacun, constitue les piliers d'une intervention AI réussie. La conduite du processus est axée sur cette participation. Une volonté d'accélérer le travail au détriment de cet aspect compromettrait le succès de l'opération. Les personnes responsables du projet, ayant parfois à résister à la volonté de certains de raccourcir les temps d'échange, doivent exercer une certaine vigilance.

Cette participation offre aussi une occasion bien souvent unique aux directions et équipes de dialoguer en direct et de s'apercevoir de la valeur des apports mutuels. Un ingénieur occupant un poste de direction d'une grande entreprise s'étonnait de la qualité des idées exprimées par les participants à un séminaire AI: «Il y a même des choses auxquelles nous n'avions pas pensé et des propositions astucieuses!» s'exclamait-il. Ce contact direct permet un respect mutuel souvent mis à mal par l'ignorance des réalités des autres, voire par des représentations parfois dévalorisantes nourries à l'égard de collègues d'autres services ou d'autres métiers.

L'usage et l'accueil de l'émotion

Évoquer des temps forts de sa vie professionnelle ou des rêves pour le futur a nécessairement un impact émotionnel. Lors du processus AI, on sort des approches sèches et froides résultant de la seule analyse pour se frotter à la vie de l'organisation. Celle-ci est faite des émotions présentes dans la vie courante et qui donnent chair et consistance à l'expérience. Elles sont aussi la base de la motivation : est-il besoin de rappeler que «motivation», «mouvement» et «émotion» sont des mots apparentés?

La communication

Que ce soit en amont, en cours ou en aval du processus, la communication constitue également un des éléments clés du succès :

- en amont, elle permet d'introduire l'orientation du projet, l'esprit de la méthode et de préciser comment sera conduit le processus. Elle répond aux questions : que va-t-on faire? Qu'est-ce qui va se passer?
- en cours de processus, elle permet de préciser le sens de chaque étape, ce qui y sera réalisé, ainsi que de reconnaître les avancées ;
- en aval du processus, lors de la phase «Déploiement» et de ses prolongements, elle maintient la dynamique de réussite et suscite de nouvelles initiatives.

L'accompagnement

Conduire un processus AI requiert des compétences d'accompagnement confirmées et une solide connaissance du fonctionnement des groupes et des organisations.

Nous pensons donc qu'il est important dans ce type d'intervention de faire appel à des consultants expérimentés qui travailleront en liaison étroite avec des professionnels de l'entreprise. La présence d'un tiers neutre, disposant d'une expertise reconnue et tourné vers le service de son client, confère une crédibilité à la démarche et fournit un cadre clair aux participants. Il nous semble cependant également souhaitable que le consultant transfère une partie de ses compétences à son client et accompagne progressivement son autonomie afin qu'il puisse poursuivre seul le processus, voire en imaginer un nouveau.

L'animation

L'animation d'un processus AI requiert beaucoup de soin :

* une planification rigoureuse est nécessaire afin que les objectifs de chaque phase soient atteints dans les délais prévus et que la production soit consistante ;
* les séquences étant censées correspondre à des moments forts pour la vie de l'entreprise, il est donc nécessaire qu'elles suscitent l'intérêt et le plaisir.

L'animation comportera donc :

* des présentations concises et attractives avec des supports professionnels (diapositives, films, livrets…) ;
* le maintien d'un rythme soutenu et vivant donnant à chacun le sentiment d'avoir vécu une journée bien remplie ;
* des jeux, des séquences variées, des moments de créativité, des temps de production efficace ;
* un savant dosage de présence et d'effacement lors des échanges de la part de l'animateur ;
* des phases d'expression des participants dans lesquelles on cherchera à mettre en valeur la contribution de chacun : reformulation, recherche de l'intention positive dans le propos, liens avec d'autres contributions, mise en évidence des apports de la discussion… ;
* des restitutions de sous-groupes mises en scène de façon ludique pour maintenir l'attention. Au-delà de trois restitutions linéaires de dix minutes, l'auditoire s'endort. Il apprécie, en revanche, de voir se succéder une présentation visuelle, un jeu de rôles ou un propos très fortement argumenté…

Les conditions matérielles

Un séminaire résidentiel, une convention hors les murs de l'entreprise constituent le cadre idéal pour la mise en œuvre d'une AI. La sortie de l'espace habituel ouvre à de nouvelles attitudes et formes de pensée. La soirée permet des échanges complémentaires et des liens se créent entre des participants qui parfois se connaissaient peu.

Une salle suffisamment spacieuse, confortable, des pauses agréables, des salles pour les travaux en sous-groupes adaptées, des *paperboards* et des feutres de couleur pour écrire et dessiner, des lieux conviviaux pour les pauses, les repas et la soirée contribuent grandement au succès d'un événement AI.

Ajoutons également de la musique pour les pauses et certaines séquences, un peu de relaxation, des exercices physiques ludiques, et nous disposerons des ingrédients complémentaires pour faire passer à tous un moment exceptionnel.

L'investissement en temps

Un processus de changement nécessite du temps, tout comme n'importe quel processus d'apprentissage : le grand nombre de personnes multiplié par les différentes phases du processus représente un budget en temps et en argent non négligeable, qu'il s'agit de chiffrer dès le départ pour prendre la décision d'engager le processus en connaissance de cause.

Les gains ne sont pas moins considérables :

- le nombre d'informations échangées et le renforcement de la connaissance mutuelle entre directions et services ou entre différents services réduiront l'apparition des bruits de couloir et autres rumeurs ;
- le travail accompli lors des phases – investigation, projection, décisions et plans d'action – aurait de toute façon dû l'être dans la vie habituelle de l'entreprise si celle-ci avait fonctionné de façon optimale (où la convention annuelle se serait tenue en tout état de cause) ;
- l'engagement obtenu, le renforcement de la motivation au travail sont des facteurs de productivité démontrés ;
- les actions décidées seront réalisées avec une probabilité plus grande qu'avec une démarche traditionnelle.

Savoir prendre le temps pour en gagner ultérieurement est une grande qualité que des dirigeants sereins et méthodiques peuvent se donner l'occasion de démontrer à l'occasion d'une démarche AI...

Le suivi

Quel que soit le succès d'une intervention AI, ses effets risquent de s'estomper dans le quotidien si l'on n'y prend pas garde. Il serait dommage que l'on entende à l'issue d'un événement AI les propos qui souvent suivent le retour des managers après une formation : « C'était intéressant, mais je n'ai pas le temps de mettre cela en application, il y a le boulot, et puis je ne peux pas faire cela tout seul ! »

Le maintien de la dynamique suppose un engagement de suivi du groupe de pilotage qui apporte son soutien aux groupes chargés de conduire les actions décidées. Ici encore, l'appel au consultant extérieur qui vient, périodiquement, faire le point avec le groupe de pilotage ou les groupes de déploiement peut s'avérer utile.

Vers une «coach attitude»

La «coach attitude» est la condition *sine qua non* du succès d'une intervention AI, mais aussi, sans doute, actuellement, un des facteurs majeurs de réussite et d'épanouissement des entreprises humaines. Ainsi les managers, qui ne peuvent bien sûr se transformer en coachs à part entière, intègrent-ils de plus en plus les outils de questionnement du coaching et la «coach attitude» dans la gestion de leurs équipes. Ils répondent à un besoin nouveau lié à la structure des organisations, à l'évolution des marchés et aux changements culturels.

Dans les systèmes tayloriens, la nécessité de motiver existait, certes; on y répondait par un système de récompense/sanction et l'amélioration des conditions techniques de production. Cela débouchait sur une augmentation de la productivité ou sur une réduction des facteurs d'incertitude tels que le taux d'absentéisme.

Les systèmes bureaucratiques (ou organisations professionnelles) ont davantage besoin de participation et d'engagement de leurs salariés: en effet, le degré d'autonomie des professionnels dans un établissement d'enseignement, un hôpital ou une société d'ingénierie informatique est tel qu'il est important de trouver des sources d'implication pour le devenir de l'organisation. Ce sont les projets d'entreprise ou d'établissement, le partage de valeurs fortes, la formation continue pour le développement des compétences ou le management par objectifs, par exemple, qui jouent ce rôle.

La concurrence, l'ouverture des marchés, les exigences des clients ont transformé bon nombre de bureaucraties en organisations mobiles et flexibles qui demandent une capacité d'innovation et d'initiative, une réactivité et une responsabilité accrues à tous. Les évolutions culturelles, et notamment la montée de l'individualisme et des besoins d'épanouissement personnel en Occident, aux moins pour ceux dont la situation matérielle ne les situe pas dans le «quart-monde», renforcent la nécessité de répondre, au travail aussi, à la volonté de bien-«être» de chacun.

C'est ce à quoi contribue le coach, qui œuvre à permettre à ses clients de s'adapter aux situations nouvelles, de contribuer aux objectifs de l'entreprise, de développer leurs talents et les moyens de leur pleine réalisation professionnelle. Le coach est également conscient que l'individu se situe dans un système dont il s'agit d'intégrer les composantes et les effets...

Qu'est-ce qu'une attitude de coach? Pour nous, un coach accompagne les personnes ou les groupes humains en faisant confiance à leur capacité à savoir mieux qu'une personne extérieure ce qui leur convient vraiment, si on les questionne efficacement. Il mise sur leurs ressources propres et leur autonomie. Le coach adresse donc à ses clients un message positif: il leur montre qu'il croit en eux et, ce faisant, il les aide à devenir davantage eux-mêmes[1]. Il est bien sûr conscient des conflits internes qui habitent chacun, ainsi que tout système; il ne nie pas cette part d'ombre qu'il respecte; mais il sait aussi que, si on fait appel à elles, les forces de vie peuvent faire la différence...

La «coach attitude» peut être utilisée en de nombreuses circonstances: pour manager une équipe, pour conduire un changement ou pour mieux prendre soin de soi et de ses proches... L'AI est un processus de coaching collectif: les interventions du «facilitateur» ne portent pas sur le contenu, mais exclusivement sur le processus. Offrant un cadre pour l'analyse et la créativité, le praticien AI permet au client de déployer librement ses ressources afin d'atteindre des objectifs qu'il s'est lui-même fixés. Tout comme la «coach attitude» peut être utilisée par un manager qui, par des questions, une recherche des faits, un appel aux compétences et à la créativité de son collaborateur, lui permettra d'avancer dans de multiples actes du quotidien. L'AI se révèle efficace dans de nombreuses circonstances, alors même qu'elle n'est utilisée que partiellement. C'est donc, au-delà de la mise en œuvre d'un processus, à une transformation intérieure que nous convie l'approche AI: le centrage sur ce qui est positif revient, finalement, à percevoir ce qui est utile et bénéfique en toutes choses, y compris les plus inattendues.

Développements de l'*Appreciative Inquiry* et perspectives

La communauté appréciative est très vivante et enthousiaste pour le développement de nouvelles approches et de perspectives stimulantes pour l'avenir. Nous retiendrons ici deux initiatives majeures.

---

1. Yaweh fut-il le premier des coachs? Si l'on traduit l'appel d'Abraham non pas en «va, va vers la terre promise...», mais plutôt en «va, va vers toi, va vers la terre promise que je t'indiquerai...», on peut le penser, comme le suggère le coach François Longchamp (communication privée).

La première se situe au cœur même de la transformation de notre regard sur le monde, dans l'individu lui-même : porter une regard appréciatif serait-il révélateur d'une forme d'intelligence particulière, l'intelligence appréciative ? C'est ce que se sont attachés à démontrer deux chercheurs : Tojo Thatchenkery et Carol Metzker.

La deuxième concerne le monde de l'entreprise et des organisations : est-il possible d'aborder la stratégie d'un point de vue résolument appréciatif et d'engager les membres d'une organisation vers un déploiement enthousiaste ? C'est ce que proposent Jacqueline Stavros, David Cooperrider et D. Lynn Kelley avec le modèle SOAR.

L'intelligence appréciative

Qu'est-ce qui rend capable certaines personnes de transformer des situations difficiles voire pénibles en réussites et pour elles-mêmes et pour leur entourage ? Comment parvenons-nous à tirer le meilleur parti de circonstances qui, *a priori,* nous semblent défavorables ? C'est la question que s'est posée Tojo Thatchenkery alors qu'il préparait sa thèse de doctorat à l'université de Cleveland.

Pendant près de dix ans, il se consacra à la collecte de données et d'histoires de leaders ayant à la fois surmonté d'importants obstacles et contribué positivement à la société de différentes manières. Elles témoignaient de capacités à atteindre les objectifs fixés et à réaliser des projets importants et durables. Réduisant à 980 le nombre d'histoires, Tojo Thatchenkery conduisit ensuite l'enquête, à partir d'un questionnement appréciatif auprès d'un échantillon ramené à 480 personnes se livrant, sur cette base à une analyse thématique. C'est ainsi qu'il construisit la notion d'intelligence appréciative[1].

La notion d'intelligence appréciative

Tojo Thatchenkery et Carol Metzker définissent l'intelligence appréciative comme « la capacité à percevoir le potentiel positif et génératif à l'intérieur même du présent[2] ».

Aucune autre approche de l'intelligence jusqu'alors ne rendait compte de cette capacité. On connaissait le Quotient intellectuel (QI) et les sept formes d'intel-

---

1. Tojo Thatchenkery et Carol Metzker, *Appreciative Intelligence – Seing th Mighty Oak in the Acorn,* BK, 2006, page 217 et sq.
2. *Op. cit.,* p. 8.

ligence initialement identifiées par Howard Gardner[1] – linguistique, musicale, logico-mathématique, spatiale, kinesthésique et corporelle, intrapersonnelle et interpersonnelle – auxquelles il ajouta ultérieurement «naturaliste» et «existentielle».

La notion d'intelligence «émotionnelle» qui a été popularisée par Daniel Goleman[2] à la suite notamment des travaux d'Antonio Damasio sur les émotions et la prise de décision[3] ne rend pas non plus compte de cette capacité.

La théorisation d'une intelligence «appréciative» qui consiste à discerner le potentiel positif inhérent à une situation s'imposait donc.

De quoi s'agit-il plus précisément ?

Tojo Thatchenkery et Carol Metzker discernent trois mouvements de l'esprit dans «l'intelligence appréciative».

Le premier consiste à «recadrer» selon un processus cognitif visant à mettre intentionnellement dans une perspective choisie une situation, des personnes, ou un scénario. On peut, par exemple, voir un conflit entre deux individus sous un angle organisationnel plutôt que psychologique et chercher des solutions ailleurs que dans le centrage sur les problèmes apparemment personnels.

Le deuxième mouvement pousse à sélectionner et à apprécier ce qu'il y a de «positif» dans une situation, une personne, une équipe. Les personnes dotées d'une intelligence appréciative considèrent, de façon délibérée ou non, la réalité ainsi et peuvent, par exemple, plus que d'autres, identifier les talents et le potentiel d'une personne...

Connecter les aspects «porteurs» du présent à des finalités ou objectifs désirables est la troisième composante pour qualifier une intelligence. On peut l'illustrer avec l'histoire d'Asa Griggs Candler qui sut transformer un échec – un médicament censé soigner le mal de tête sans aucun effet – en un succès : une boisson attractive, le Coca-Cola[4].

Quatre qualités sous-jacentes

Selon Tojo Thatchenkery et Carol Metzker, l'intelligence appréciative repose sur quatre qualités sous-jacentes : la persévérance, la conviction que son action a un impact, la tolérance à l'incertitude et la capacité de résilience.

---

1. Howard Gardner, *Les Formes de l'intelligence,* Odile Jacob, 2010.
2. Daniel Goleman, *L'Intelligence émotionnelle,* Robert Laffont, 1999.
3. Antonio Damasio, *L'Erreur de Descartes,* Odile Jacob, 1995.
4. Tojo Thatchenkery et Carol Metzker, *op. cit.,* p. 13.

La persévérance peut prendre deux formes différentes :

- comportementale : on poursuit alors l'action jusqu'à sa réussite, l'apprentissage jusqu'à l'acquisition de la compétence...

- cognitive : on garde l'objectif présent à l'esprit même si l'action est interrompue et que l'objectif ne peut être atteint à court terme, la tension pour atteindre l'objectif persiste jusqu'à ce qu'un moment favorable se présente. Il y a alors une focalisation sur les finalités et une flexibilité dans l'approche...

La conviction que son action a un impact est liée au sentiment d'« efficacité personnelle », un concept introduit par Albert Bandura, qui permet de se motiver, de trouver ressources et compétences et d'élaborer des prédictions « autoréalisantes » positives.

La tolérance à l'incertitude ou à l'ambiguïté permet de faire face aux dissonances cognitives qui se produisent quand la réalité nous apparaît en désaccord avec ce que nous savons ou croyons. Elle est utile également quand un problème semble sans solution ou que les conséquences de nos actions ne sont pas prévisibles. Elle se caractérise alors par la capacité à faire émerger des idées nouvelles et à penser la réalité différemment. C'est ainsi que, devant une situation incertaine et anxiogène, le dirigeant d'une société qui devait être achetée par une autre choisit, avec un questionnement appréciatif, de centrer toute l'attention de ses équipes sur leurs atouts, qualités et compétences. Les équipes définirent ensuite comment elles allaient contribuer au succès de leur acquéreur sur son marché. Les effets furent considérables : non seulement l'anxiété des équipes liée à cette période difficile diminua, mais la motivation au travail s'accrut au point de réaliser plus de deux points d'augmentation de l'activité dans un marché qui chutait d'autant. En outre, l'acquéreur fut tellement impressionné par les résultats de l'enquête qu'il décida de laisser la plus grande autonomie aux équipes dans leur travail et leur organisation.

Une capacité de résilience à toute épreuve complète les qualités précédentes. Jacques Lecomte définit la résilience comme « l'aptitude à survivre à des événements particulièrement douloureux. Mais cela est plus qu'une simple capacité de résistance, c'est également une dynamique qui permet à la personne de réagir positivement, de construire une existence relativement satisfaisante[1] ». Ainsi, les personnes résilientes tirent des enseignements de leurs expériences, sont plus ouvertes, plus perspicaces et inspirées. Elles développent davantage

---

1. Jacques Lecomte, « La Résilience. Résister aux traumatismes », *Revue Sciences humaines*, novembre 1999.

d'émotions positives et, si l'on suit les travaux de Barbara Frederickson[1], un élargissement cognitif favorisant la créativité.

Développer une intelligence appréciative

En toute logique, Tojo Thatchenkery et Carol Metzker proposent à leur lecteur d'utiliser, pour évaluer son intelligence appréciative, un questionnement appréciatif visant à rechercher dans son expérience propre des situations significatives. Ils l'invitent ensuite à se projeter dans l'avenir pour mettre en pratique et développer cette forme d'intelligence.

Ils proposent différentes techniques telles que se «mettre dans la peau» d'une personne admirée pour aborder une question difficile, de chercher un sens et un bénéfice à long terme aux expériences vécues, de focaliser sur les solutions déjà expérimentées et sur les moments positifs, ou bien d'entreprendre des conversations avec des personnes naïves quant à notre situation...

Nous sommes au début de cette réflexion pour le développement de cette intelligence appréciative dont nous avons le plus grand besoin pour enchanter notre présent et construire un futur désirable. Les années qui viennent verront certainement l'émergence de programmes d'entraînement mental à l'exercice d'une telle forme l'intelligence.

Petit exercice pour découvrir votre intelligence appréciative[2]

Pouvez-vous vous rappeler un moment de votre vie où vous avez surmonté une difficulté et au-delà, tiré parti de ces circonstances défavorables?

1. Quelles étaient ces circonstances? Qu'est-ce qui s'est passé alors?

2. Quelles ont été vos réactions?

3. Qu'avez-vous fait précisément pour traiter les difficultés?

4. Quelles émotions avez-vous éprouvées aux différents moments de cette histoire?

5. Quels enseignements en avez-vous tirés?

6. Quelles qualités avez-vous utilisées? Quelles forces psychologiques se sont manifestées alors?

---

1. Barbara Frederickson, «The value of positive emotions», *American Scientist*, 91, p. 330-335.
2. Adapté de Tojo Thatchenkery et Carol Metzker, *op. cit.*

7. Pouvez-vous imaginer une situation future dans laquelle vous réussissez pleinement à accomplir une mission ou une tâche nouvelle avec succès ?

8. Quelles qualités décrites dans votre réponse à la question 6 avez-vous mises en œuvre pour obtenir ce succès ?

Le renouvellement de la stratégie avec le SOAR

Dans un système économique basé sur la concurrence et la compétition, les entreprises ont besoin de définir des stratégies qui leur permettent de survivre et de croître. Les années de l'après-guerre avec la reconstruction ont donné naissance à une approche stratégique de planification à long terme ; mais après le premier choc pétrolier, la nécessité de réduire les coûts et de se différencier a été plus pressante pour les entreprises qui ont développé un marketing stratégique et une analyse plus fine de leur environnement pour se positionner. L'accélération des changements, la raréfaction des ressources, les difficultés financières et sociales conduisent les entreprises à se poser à nouveau la question de la construction d'une stratégie. On a vu fleurir des livres sur le sujet, dont ceux de Henry Mintzberg[1] et en particulier *Safari en pays de stratégie* qui passe en revue dix approches de la stratégie apparues au XXe siècle et montre comment les processus de construction stratégiques peuvent limiter la vision de l'entreprise et se révéler incapables d'anticiper sur l'avenir.

Cependant, à aucun moment, le modèle compétitif comme le font remarquer John Sutherland et Jacqueline Stavros[2], n'est remis en cause. L'engouement pour *L'Art de la guerre* de Sun Tzu[3] ne dément pas l'intérêt des entreprises pour la construction stratégique, et ce toujours dans une perspective compétitive et guerrière plus que collaborative et constructive.

Malgré l'évolution du contexte économique et social, on peut constater avec Jacqueline Stavros, David Cooperrider et D. Lynn Kelley[4] que la pensée stratégique repose encore le plus souvent sur les réponses aux rubriques du modèle SWOT – *Strengths, Weaknesses, Opportunities, Threats* (Forces, Faiblesses,

---

1. Henry Mintzberg, *Grandeur et décadence de la planification stratégique*, Dunod, 2004 ; *Safari en pays de stratégie*, Pearson, 2009.

2. John Sutherland et Jacqueline Stavros, *The Heart of Appreciative Strategy*, AI Practitioner, novembre 2003, p. 1.

3. Sun Tzu, *L'Art de la guerre*, Flammarion, « Champs », 1999.

4. Jacqueline Stavros, David Cooperrider et D. Lynn Kelley, *Strategic Inquiry : Appreciative Intent : Inspiration to SOAR – A New Framework for Strategic Planning*, AI Practitioner, 2003.

Opportunités, Menaces) – souvent insérées dans un processus qui va jusqu'au déploiement et à l'évaluation de la stratégie.

La matrice SWOT

Évaluation interne	**Forces *(Strengths)*** Quelles forces de l'organisation exploiter?	**Faiblesses *(Weaknesses)*** Quelles faiblesses de l'organisation risquent d'être affectées?
Évaluation externe	**Opportunités *(Opportunities)*** Impact positif: quelles opportunités de l'environnement exploiter?	**Menaces *(Threats)*** Impact négatif: quels sont les menaces, les risques de l'environnement?

Ces auteurs proposent une alternative: le modèle SOAR – *Strengths, Opportunities, Aspirations, Results* – ayant pour but, de dépasser la stratégie conçue comme le moyen pour l'organisation de réaliser sa vision, d'atteindre ses objectifs à partir d'un plan d'ensemble.

La matrice SOAR

La stratégie est alors définie par John Sutherland et Jacqueline Stavros par rapport aux principes appréciatifs (cf. p. 56) comme «un processus itératif de travail sur comment nous allons réellement faire ce que nous voulons d'une façon enrichissante et durable pour les différentes parties prenantes[1]». L'idée constructiviste invite à se focaliser davantage sur ce que l'on veut et à se le représenter plutôt que sur ce que l'on veut éviter ou sur ce qui nous fait peur comme dans l'approche «compétitive».

On substitue alors la construction positive et si possible collaborative d'un futur désiré à partir de nos atouts plutôt que la lutte contre les autres pour la survie.

Enquête stratégique	**Forces *(Strengths)*** Quels sont nos plus grands atouts?	**Opportunités *(Opportunities)*** Quelles sont les meilleures opportunités possibles du marché?
Intention appréciative	**Aspirations** Quel futur désirons-nous le plus?	**Réalisations *(Results)*** Quels seront les résultats visibles ou mesurables?

---

1. John Sutherland et Jacqueline Stavros, *op. cit.*, p. 8.

Le modèle SOAR, comme le montrent Jacqueline Stavros, David Cooperrider et D. Lynn Kelley[1], est une approche appréciative de la planification stratégique. En effet, il commence par une investigation qui donne accès aux valeurs, à la vision, aux forces et aux opportunités de l'entreprise. Ce travail permet aux participants de faire le lien entre les atouts du passé et du présent et les changements souhaités. C'est la dimension «Découverte» du modèle. L'étape suivante s'apparente à la phase «Devenir» *(Dream)* du processus appréciatif car il s'agit alors d'imaginer le futur le plus souhaitable pour l'organisation compte tenu de sa mission et de ses valeurs fondamentales et de discerner de grandes orientations. Enfin, l'étape «Réalisation» *(Results)* correspond aux phases «Décision» *(Design)* et «Déploiement» *(Destiny)* pour la définition de grands chantiers ou actions à entreprendre, et les moyens concrets de cheminer vers le futur souhaité. Pour être inspirés sur cette voie, les employés doivent être associés, impliqués et se sentir reconnus dans la réalisation.

En bref, précisent les auteurs, «le processus d'évaluation, planification, mise en œuvre et contrôle est remplacé par explorer, imaginer, innover et inspirer» et en ce sens, la matrice SOAR marque, à l'instar de l'*Appreciative Inquiry* pour les organisations, une rupture sortant la façon de penser la stratégie d'approches équilibrées voire déficitaires pour l'ancrer dans une vision résolument positive et constructive.

⁃⁃⁃⁃⁃⁃⁃⁃⁃

L'*Appreciative Inquiry* se révèle donc, au-delà de l'accompagnement de collectifs, une puissante source d'inspiration pour la stratégie, le regard que l'on peut porter sur l'intelligence et bien d'autres domaines. Ainsi, par exemple, le leadership peut être revisité à la lumière de cette approche comme en témoigne l'ouvrage de Diana Whitney, Amanda Trosten-Bloom et Kae Rader[2]. Ces auteurs proposent un modèle de leadership reposant sur la recherche des points forts des équipiers, le développement de leur capacité à donner le meilleur d'eux-mêmes, à «co-construire» le futur de l'entreprise dans un esprit créatif et à se focaliser sur l'intérêt général. En France, Jean-Christophe Barralis développe, au sein de l'Institut français d'*Appreciative Inquiry*, un modèle de management appréciatif adopté avec succès par plus de 200 managers[3].

---

1. Jacqueline Stavros, David Cooperrider et D. Lynn Kelley, *op. cit.*, p. 12.
2. Diana Whitney, Amanda Trosten-Bloom, Kae Rader, *Appreciaitive Leadership*, MC Graw Hill, 2010.
3. Cf. annexe, Jean-Christophe Barralis, «Le manager appréciatif», p. 167.

La rencontre entre l'*Appreciative Inquiry* et la psychologie positive scientifique s'annonce également féconde. Ainsi, la recherche menée par Christopher Peterson et Martin Seligman[1] et leur équipe qui a porté sur l'identification des principales forces psychologiques humaines s'inscrit dans le même esprit que celui de l'exploration appréciative. Ce travail de synthèse inspirera peut-être de nouvelles recherches à partir de la pratique de l'*Appreciative Inquiry*. En effet, celle-ci, s'attache à découvrir ce qui fonctionne bien dans les organisations et donc les forces qui leur donnent vie. Si l'on peut, grâce un travail de recherche structuré, identifier ces facteurs de santé des organisations, nous disposerons peut-être alors d'un socle d'informations pouvant servir de référence à une gouvernance vraiment humaine.

---

1. Christopher Peterson et Martin Seligman, *Character Strenghts and Virtues*, Oxford University Press, 2004.

Management et *Appreciative Inquiry*

Le manager appréciatif

*Par Jean-Christophe Barralis, directeur associé et cogérant de l'Institut français d'*Appreciative Inquiry.

Qu'entendent un manager et un collaborateur quotidiennement aujourd'hui ? De l'information médiatique aux discours politiques, en passant par les discussions sociales en entreprise ou chez soi, voici un échantillon de petites phrases récupérées ici et là, lues ou entendues.

«Dans notre monde en constant changement, aux composantes de plus en plus complexes…»; «L'année a été marquée par des difficultés économiques et financières, des déficits, un chômage important. Dans ce contexte, des efforts sont demandés à tous…»; «Dans un monde incertain en perpétuelle évolution où l'incertitude plane… et dans une société en crise…»; «Dans une organisation à forte contrainte où les procédures règnent et où les moyens diminuent…»

Alors, sommes-nous condamnés à vivre dans la peur ? Ce florilège de petites phrases qui s'installent subrepticement dans nos cerveaux donne un aperçu de l'état d'esprit régnant dans les organisations et dans notre société. Un enjeu serait de faire pencher la balance un peu plus du côté de la joie que de l'inquiétude, de la satisfaction plutôt que du côté du manque et d'imaginer aussi une autre réalité.

Dans cette morosité ambiante, comment un manager ou un dirigeant peuvent-ils susciter au quotidien l'engagement, la motivation et la coopération dans leur organisation ? Comment agir avec efficacité en préservant le bien-être individuel et collectif ? Comment identifier les forces d'une équipe, en comprendre le fonctionnement pour les développer ? Comment donner du sens à l'action dans la période incertaine que nous traversons ? Comment, enfin, redonner au travail sa noblesse ?

Là où les anciens modèles peuvent trouver leurs limites, là où se présente toujours la contrainte de faire «du plus» ou «du mieux» dans un paysage où la menace des risques psychosociaux et de la crise rôdent, nous nous sommes posé la question de profiter des solides apports d'une discipline scientifique récente : la psychologie positive. Celle-ci étudie les « systèmes » lorsqu'ils fonctionnent de manière optimale et donnent des résultats. Nous avons donc pris appui sur ces travaux pour réfléchir sur un modèle de management original et provocant, qui pourrait permettre de penser la vie au travail différemment, tout en maintenant en vue les objectifs de performance. C'était ambitieux, mais dans un monde où l'économie positive prend son envol et où la responsabilité sociétale des entreprises se développe, être « appréciatif » nous a semblé un mouvement en mesure de contrecarrer, sans la nier, cette ambiance collective teintée de gris.

La forte promotion actuelle de l'idée de « bonheur au travail », qui reçoit un large accueil dans le public et répond à une aspiration croissante, nous engage aussi à réfléchir plus précisément sur notre pratique en milieu professionnel. Pas simple à appréhender, elle se confond parfois avec les notions de bien-être, d'épanouissement, de satisfaction, ce qui ne simplifie pas sa transposition dans le quotidien des managers et donc sa mise en œuvre dans les organisations.

Qu'est-ce qu'un manager appréciatif ?

Nous posons qu'un manager est « appréciatif » quand il s'est construit une vision positive des êtres humains au travail et de leurs relations. Une vision, qui le porte à rechercher et à percevoir la bonté des personnes, leur générosité, leur altruisme et leur solidarité. Il peut avoir besoin d'entraînement et d'endurance psychologique pour résister au modèle prédominant, celui de l'homo œconomicus, un individu censé viser son intérêt personnel, donc individualiste voire égoïste et qualifié de « rationnel » par certains économistes qui semblent penser que la rationalité pousse à penser à soi au présent au détriment des autres et des générations à venir.

Nous pensons qu'il est temps de prendre en compte « l'autre », passé, présent et à venir plutôt que la satisfaction immédiate de ses intérêts personnels et de court terme. En outre, faire confiance à l'altruisme et à la coopération comme moteurs de l'activité humaine s'ils sont encouragés, nourrir les relations plutôt que de favoriser de simples transactions sont des piliers avérés de la performance.

C'est une nouvelle anthropologie de l'être humain qui se dessine actuellement avec l'apport de l'*Appreciative Inquiry* et de la psychologie positive et cela nous semble constituer un terreau fertile pour les futurs comportements managériaux.

Le manager appréciatif est un concept créé en 2009 par l'IFAI, à partir des travaux de deux courants scientifiques : la psychologie positive et l'*Appreciative Inquiry*.

Le courant de la psychologie positive est développé en France par Jacques Lecomte, Charles Martin-Krumm, Rebecca Shankland et leurs collègues à la suite des recherches conduites par Martin Seligman, Mihaly Csikszentmihaly, Christopher Perterson. L'approche en accompagnement des organisations – *Appreciative Inquiry* – a été créée et formalisée à l'université de Cleveland, par David Cooperrider et Ron Fry, puis, en France, par l'Institut français d'*Appreciative Inquiry*.

Le manager appréciatif est dans une posture appréciative singulière qui lui permet de :

- valoriser le travail et la relation de l'individu à son travail ;
- construire et partager un sens pour l'action ;
- diriger son attention sur les réussites ;
- repérer les forces et les atouts de son équipe ;
- reconnaître les efforts autant que les résultats ;
- veiller à l'existence d'un sentiment d'efficacité personnelle chez les personnes ;
- utiliser un langage appréciatif ;
- faciliter l'autonomie et la créativité ;
- susciter la coopération, l'entraide et la générosité ;
- cultiver l'optimisme.

Il valorise le travail en tant que tel et l'individu qui l'effectue. Il contribue, avec ses équipiers, à la construction du sens, de la finalité du travail. La personne qui exerce un métier, quelle qu'elle soit, est ainsi en mesure de dépasser la simple nécessité de travailler pour percevoir son utilité et son apport aux autres.

La fierté des caissières

Un travail intéressant avec les hôtesses de caisses d'un supermarché nous a beaucoup appris. Celles-ci scannent des produits et encaissent l'argent, et sont aux heures de pointe sous la pression des consommateurs pressés de rentrer chez eux. Elles font leurs heures… et pourtant leur rôle social est important. Certaines d'entre elles qui étaient satisfaites de leur travail se considéraient utiles lorsque des clients, en quelques minutes, le temps de remplir leur caddie, racontaient des tranches de leur vie. Leur plus grande fierté était d'être choisies par ces clients… Partager cette dimension a changé le regard que certaines avaient sur leurs tâches, sur elles-mêmes et, par extension, leur image auprès de leur «chef» et d'autres collègues.

Lorsqu'un travail est accompli, un projet bien mené, une activité réalisée avec efficacité, il est riche d'enseignement de rechercher les causes de succès et de les partager. Partager les réussites en utilisant l'*Appreciative Inquiry*, repérer les forces mises en œuvre lors de ces succès permet d'identifier les points d'appui ainsi que les facteurs d'engagement et de satisfactions individuels et collectifs. Cela est non seulement utile pour la cohésion et le développement d'une équipe, mais aussi pour faire face aux difficultés conjoncturelles.

«Enfin, rappelez-vous les victoires qui ont été remportées, les circonstances de la lutte et vous saurez ainsi l'usage qu'on en a fait, les avantages qu'elles vous ont procurés ou les préjudices qu'elles ont causés aux vainqueurs.»

Sun Tzu

Prêter attention à l'énergie produite et aux efforts déployés autant qu'aux résultats permet de renforcer la satisfaction au travail, une dynamique constructive et de maintenir une tension positive vers plus de performance.

Cette attitude contribue au sentiment d'efficacité personnelle ou *self efficacy*[1], c'est-à-dire à la croyance de la personne en son pouvoir de réussir les travaux qui lui sont assignés. Un sujet dont les capacités ne sont pas optimales, mais qui ressent un fort sentiment d'efficacité personnelle, produit de meilleurs résultats qu'une personne compétente en doute sur ce point. Le manager appréciatif peut contribuer à développer ce sentiment d'efficacité personnelle en favorisant notamment :

- l'augmentation des compétences de l'individu ;
- l'apprentissage social par observation et modélisation ;
- la persuasion par autrui ou l'influence positive d'une ou plusieurs personnes.

Le langage utilisé quotidiennement retient l'attention du manager appréciatif. Il évite, par exemple, des phrases telles que : «Dans ce contexte difficile, il faut

---

1. Albert Bandura, *Auto-efficacité: Le sentiment d'efficacité personnelle*, De Boeck, 2007, 2e éd. (1re éd. 2003)

s'attaquer aux freins et gérer les risques, de plus il faut améliorer notre communication et être plus performant en résolvant les problèmes de... »

Ce type de langage n'est, bien sûr, en rien appréciatif et il induit une réelle pression dans les esprits. En revanche : « Nous souhaitons contribuer au bien-être de nos clients en leur apportant un confort et, pour atteindre cet objectif, notre ambition est de nous réunir et partager ensemble nos succès pour tirer le meilleur parti de la situation pour nous tous et notre entreprise... »

Un manager appréciatif ne nie pas les problèmes ; il consacrera le temps nécessaire à leur résolution, mais il concentrera davantage ces efforts sur l'ambition et les objectifs porteurs de sens et fortement engageants.

Le langage utilisé permet de façonner les représentations et les actions ; « *Words create worlds*[1] » selon la formule de David Cooperrider.

Encourager l'autonomie et la créativité, voilà une belle manière de maintenir la « vie bonne au travail », expression empruntée à Jacques Lecomte, docteur en psychologie, qui nous aide en rendant finalement accessible cette notion de bonheur au travail.

Selon Deci et Ryan[2], qui font référence en matière de recherches sur la motivation au travail, l'autonomie est un des trois besoins psychologiques à la base de la motivation humaine. Les deux autres sont le besoin d'appartenance à un groupe social et le besoin de compétence. Savoir parfois remettre en cause les procédures quand celles-ci deviennent contre-productives est salutaire. On parle maintenant de déviance positive quand un individu prend une initiative. Isaac Getz[3] distingue les entreprises du « pourquoi faire ce travail » et celles du « comment le faire ». Manager seulement sur le « comment faire » avec un système de contrôle strict ôte aux personnes au travail leur marge de manœuvre et débouchent sur de la démotivation et de l'absentéisme.

C'est sur le besoin d'appartenance à un groupe social que se construit la coopération, l'entraide et la générosité. Faciliter le soutien mutuel ou au minimum ne pas entraver cette disposition au don et au contre-don observée par le sociologue Norbert Alter[4] répond à de fortes aspirations humaines, contribue aux équilibres individuels et collectifs et favorise la performance des entreprises.

---

1. « Les mots créent des mondes. »

2. E. L. Deci et R. M. Ryan, *Intrinsic motivation and self-determination in human behavior*, Plenum Publishing Co. New York, 1985.

3. Isaac Getz et Brian M. Carney, *Liberté et Cie, Quand la liberté des salariés fait le bonheur des entreprises*, Fayard, 2012.

4. Norbert Alter, *Donner et prendre : La coopération en entreprise*, La Découverte, 2010.

Cultiver les attitudes décrites ci-dessus favorise l'optimisme, disposition psychologique associée, selon Alain Braconnier[1], «à des caractéristiques désirables, telles que le bonheur, la persévérance, l'accomplissement de soi. C'est un facteur de résilience au stress, aux troubles de l'adaptation, à la dépression. Il a des effets positifs sur la vie affective, sociale, professionnelle, ainsi que sur les risques auxquels est exposée notre santé physique et mentale… C'est une vraie force!».

L'optimisme n'est pas une approche irréaliste consistant à ignorer les difficultés; il s'agit bien plutôt d'une capacité à apprécier ce qui fonctionne, ses réussites, à ne pas s'attribuer systématiquement les causes des problèmes et à chercher dans les situations rencontrées un potentiel d'action ou de développement.

La posture de manager appréciatif se révèle donc exigeante, car, à contre-courant de nombreuses pratiques, elle demande une attention à ces attitudes et un entraînement constant. Le manager appréciatif opère un choix: celui de décider consciemment de sortir des automatismes anciens pour cultiver des qualités favorisant le bien-être au travail, mais aussi le «bien travailler», le développement des personnes et celui de l'entreprise.

Vers une organisation appréciative?

Loin de nous l'idée d'une posture héroïque du manager appréciatif, son appartenance à un corps social et à une organisation et donc à un système humain est, bien sûr, à prendre pleinement en compte. C'est la raison pour laquelle nous pensons qu'il est fondamental que l'organisation devienne elle-même appréciative.

Une telle organisation intègre un fonctionnement managérial socialement responsable vis-à-vis de l'ensemble des parties prenantes. Ses dirigeants réfléchissent à des fonctionnements participatifs structurés, à la meilleure réalisation des collaborateurs qui trouvent du sens à leur travail et utilisent judicieusement leurs compétences et talents.

Elle ne perd pas de vue sa performance, notamment économique, qui est le garant de sa survie, tout en favorisant le bien-être des acteurs et des bénéficiaires de ses services.

---

1. Alain Braconnier, *Optimiste*, Odile Jacob, 2014.

Une enquête appréciative mondiale : *Business as an Agent of World Benefit*

En 2002, la Weatherhead School of Management de la Case Western Reserve University de Cleveland lança une initiative mondiale pour découvrir les entreprises innovant dans le sens du développement durable et d'une action à valeur sociale ou sociétale. Cette enquête utilise l'*Appreciative Inquiry* pour collecter des interviews de dirigeants et établir une base de données mondiale (Innovation Bank).

En quelques années, cette initiative prit de l'ampleur pour devenir un projet majeur de la Weatherhead School of Management. En 2009, grâce à la générosité de Chuck and Char Fowler, fut créé le Fowler Center for Sustainable Value avec une finalité claire : devenir un centre de recherche mondial sur l'entreprise durable. L'idée *Business as an Agent of World Benefit* n'était pas seulement de conduire des recherches mais aussi d'aider les dirigeants et managers à intégrer, dans le cœur même de leur activité, une valeur ajoutée environnementale et sociale de façon à apporter encore davantage à leurs clients et à leurs actionnaires.

Pour cela, le Fowler Center s'appuie sur deux concepts : l'*Appreciative Inquiry* et le développement durable.

Le développement durable est défini par Chris Laszlo, PhD, «comme un état dynamique qui apparaît quand une entreprise créée de la valeur en continu pour ses actionnaires et toutes les parties prenantes. En agissant pour le bien commun aussi bien en faveur de la société que de l'environnement, l'entreprise fait encore mieux pour ses clients et ses actionnaires qu'elle ne le ferait sans cette action». Le choix du développement durable par les entreprises répond aux attentes actuelles de la société tout entière en intégrant dans un ensemble les dimensions économiques, environnementales et sociales.

L'Appreciative Inquiry, pratiquée par des milliers de personnes dans le monde entier, sert de base au questionnement afin d'identifier les innovations et les forces des individus et des entreprises. Elle contribue activement à stimuler ces forces pour un effet encore plus puissant. En illustrant ce qui se fait de meilleur en termes d'innovations dans la société, l'enquête mondiale se propose donc de découvrir l'action et de stimuler le potentiel des acteurs économiques et sociaux en tant qu'agents du bien commun.

L'investigation porte donc sur les différences qui apparaissent dans l'environnement et la qualité de la vie quand l'entreprise conjugue service de la communauté et obtention de bénéfices financiers. Elle concerne des innovations prises par les entreprises et non les entreprises en tant que telles qui peuvent, par ailleurs, ne pas être exemplaires, mais la conviction explicite est que le partage d'idées et d'innovations encouragera des façons de penser et d'échanger différentes, de nouvelles connexions, et débouchera sur des enseignements pour un bien-être et une paix accrus dans le monde.

Il est possible de consulter de nombreux exemples d'innovations sur le site de la Case Western Reserve University http://worldinquiry.case.edu et, depuis peu, quelques-uns en français sur le site de l'Institut français d'Appreciative Inquiry : http://ifai-appreciativeinquiry.com

Ont collaboré à cet ouvrage

Jean-Christophe Barralis, directeur associé, cofondateur de l'IFAI, coach et consultant, titulaire de l'*Appreciative Inquiry Certificate in Positive Business and Society Change* et enseignant à l'IFAI.

Thierry Brigodiot, consultant, certifié en *Appreciative Inquiry* par l'Institut Français d'*Appreciative Inquiry* et titulaire de l'*Appreciative Inquiry Certificate in Positive Business and Society Change* – Société Pragma: études et conseil en management.

Philippe Plissot, coach professionnel certifié en *Appreciative Inquiry* par l'Institut Français d'*Appreciative Inquiry* et titulaire de l'*Appreciative Inquiry Certificate in Positive Business and Society Change* - Cabinet Direct Azimut: démarches collaboratives et créatives pour la transformation efficiente des organisations.

Thérèse Labanowski, coach certifiée, certifiée en *Appreciative Inquiry* par l'Institut Français d'*Appreciative Inquiry* et titulaire de l'*Appreciative Inquiry Certificate in Positive Business and Society Change,* consultante en bilan de compétences et conduite du changement.

Catherine Merhand, coach professionnelle et formatrice en entreprise. Certifiée en *Appreciative Inquiry* par l'Institut français d'*Appreciative Inquiry* et titulaire de l'*Appreciative Inquiry Certificate in Positive Business and Society Change,* management d'équipes, développement du leadership, conduite de changement et performance sportive des adolescents.

Bibliographie et sites utiles

Appreciative Inquiry

BARRALIS Jean-Christophe et PAGÈS Jean, « La mise en action du sens au travail pour agir sur l'engagement, la motivation et la vocation des salariés » *in* Martin-Krumm Charles, Tarquinio Cyril et Shaar Marie-Josée (dir.), *Psychologie positive en environnement professionnel*, De Boeck, 2013.

BARRETT Frank J. et FRY Ron E., *Appreciative Inquiry – A Positive Approach to Building Cooperative Capacity*, Taos Institute Publications, 2005.

COOPERRIDER David L., WHITNEY Diana, *Appreciative Inquiry*, BK 1999.

COOPERRIDER David L., SORENSEN Jr. Peter F., YAEGER Therese F., WHITNEY Diana, (editors), *Appreciative Inquiry. An Emerging Direction for Organization Development*, Stipes Publishing L.L.C, 2001.

COOPERRIDER David L., WHITNEY Diana, STRAVOS Jacqueline M., *Appreciative Inquiry Handbook*, Lakeshore Communications Paperback, 2003.

ELLIOTT Charles, *Locating the Energy for Change*, IISD, 1999.

FRY Ron, Barrett FRANK J., SEILING Jane et WHITNEY Diana (dir.), *Appreciative Inquiry and Organizational Transformation: Reports from the Field*, Westport, CT, Quorum, 2000.

LEWIS Sarah, « De l'utilité de l'Appreciative Inquiry au travail » *in* Martin-Krumm Charles, Tarquinio Cyril et Shaar Marie-Josée (dir.), *Psychologie positive en environnement professionnel*, De Boeck, 2013.

LUDEMA James D., WHITNEY Diana, MOHR Bernard J., GRIFFIN Thoman J., *The Appreciative Inquiry Summit: A Practitioner's Guide for Leading Large-Group Change*, BK, 2003.

PRESKILL Hallie, COGHLAN Anne T., editors, *Using Appreciative Inquiry in Evaluation*, Jossey-Bass, 2003.

STAVROS Jacqueline, COOPERRIDER David, LYNN KELLEY D., *Strategic Inquiry: Appreciative Intent: Inspiration to SOAR – A New Framework for Strategic Planning*, AI Practitioner, 2003.

SUTHERLAND John et STAVROS Jacqueline, *The Heart of Appreciative Strategy*, AI Practitioner, novembre 2003.

THATCHENKERY Tojo et METZKER Carol, *Appreciative Intelligence − Seeing the Mighty Oak in the Acorn*, BK, 2006.

WATKINS Jane Magruder et MOHR Bernard J., *Appreciative Inquiry*, Jossey-Bass, 2001.

WHITNEY Diana et TROSTEN-BLOOM Amanda, *The Power of Appreciative Inquiry*, BK, 2003.

WHITNEY Diana, TROSTEN-BLOOM Amanda, CHERNEY Jay et FRY Ron, *Appreciative Team Building: Positive Questions to Bring Out the Best in Your Team*, Universe inc. 2004.

WHITNEY Diana, TROSTEN-BLOOM Amanda, RADER Kae, *Appreciaitive Leadership*, MC Graw Hill, 2010.

Sites web

Le site de l'Institut français d'*Appreciative Inquiry* : http://ifai-appreciativeinquiry.com

AI Practitioner − *International Journal of Appreciative Inquiry* : www.aipractitioner.com

Appreciative Inquiry commons : http://appreciativeinquiry.case.edu

Le site de la psychologie positive animé par Jacques Lecomte : www.psychologie-positive.net

Le site de l'Association française et francophone de psychologie positive : www.psychologie-positive.com

Le site de l'université de Pennsylvanie (Martin Seligman) : www.authentichappiness.sas.upenn.edu

Business as an Agent of World Benefit : http://worldinquiry.case.edu et http://weatherhead.case.edu/centers/fowler/

http://appreciativeinquiry.cwru.edu (Case Western Reserve University, D. L. Cooperrider)

http://www.taosinstitute.net (site du Taos Institute, Taos, New Mexico, USA)

http://www.imaginechicago.org (sur le projet Imagine Chicago)

Autres ouvrages cités

ALTER Norbert, *Donner et prendre : La Coopération en entreprise*, La Découverte, 2010.

BANDURA Albert, *Auto-efficacité : Le sentiment d'efficacité personnelle*, De Boeck, 2003 ; 2ᵉ éd. : 2007.

BLAKE Robert R. et MOUTON Jane S., *Les Deux Dimensions du management*, Éditions d'Organisation, 1969.

BRACONNIER Alain, *Optimiste*, Odile Jacob, 2014.

BUCKINGHAM Marcus et CLIFTON Donald, *Découvrez vos points forts*, Pearson, 2008.

Cent Kôans Zen, commentés par Nyogen Senzaki, Albin Michel, 2005.

COMTE-SPONVILLE André, *De l'autre côté du désespoir. Introduction à la pensée de Svâmi Prajnanpad*, Éditions Accarias L'Originel, 1997.

CROZIER Michel et FRIEDBERG Erhard, *L'Acteur et le Système*, Le Seuil, 1977.

CSIKSZENTMIHALY Mihaly, *Vivre, La Psychologie du bonheur*, Le Grand livre du mois, 2004.

CSIKSZENTMIHALY Mihaly, *Mieux vivre*, Pocket, 2008.

DAMASIO Antonio, *L'Erreur de Descartes*, Odile Jacob, 1995.

DECI Edward L., et RYAN Richard M., *Intrinsic motivation and self-determination in human behavior*, Plenum Publishing Co, New York, 1985.

DEJOURS, Claude, *Souffrance en France*, Le Seuil, 1998.

ESTRADA Carlos A., ISEN Alice M. et YOUNG Mark J., « Positive Affect Facilitates Integration of Information and Decreases Anchoring in Reasoning among Physicians », *Science Direct*, 1997.

FÉDÉRATION FRANCOPHONE DE COACHS PROFESSIONNELS, *Agir en coach : les bonnes pratiques professionnelles*, ESF, 2007.

GABLE Shelly L. et HAIDT Jonathan, « What (and why) is positive psychology ? », *Review of General Psychology*, 9 (2), 2005.

GARDNER Howard, *Les Formes de l'intelligence*, Odile Jacob, 2010.

GERGEN Kenneth J. et GERGEN Mary, *Le Constructionisme social : un guide pour dialoguer*, Le Germe, 2006.

GETZ Isaac et CARNEY Brian M., *Liberté et cie, Quand la liberté des salariés fait le bonheur des entreprises*, Fayard, 2012.

GOLEMAN Daniel, *L'Intelligence émotionnelle*, Robert Laffont, 1997 ; *L'Intelligence émotionnelle 2*, Robert Laffont, 1999.

GRINDER John et BANDLER Richard, *The Structure of Magic, Palo Alto*, Science and Behavior Books, 1975.

Groupe Terence, *Encyclopédie des ressources humaines*, «Projets individuels et collectifs. Construction et régulation», Éditions d'Organisation, 1994.

Frederickson Barbara, «The value of positive emotions», American Scientist, 91, p. 330-335.

Hirigoyen Marie-France, *Le Harcèlement moral*, La Découverte et Syros, 1998.

Joule Robert-Vincent et Beauvois Jean-Léon, *La Soumission librement consentie*, Presses universitaires de France, 1998.

Kidd David Comer et Castano Emanuele, «Reading Literary Fiction Improves Theory of Mind», *Science,* vol. 342, 18 octobre 2013.

Lecomte Jacques, «La résilience. Résister aux traumatismes», *Revue Sciences humaines,* novembre 1999.

Lecomte Jacques, *Introduction à la psychologie positive* (dir.), Dunod, 2009.

Lecomte Jacques, *La Bonté humaine*, Odile Jacob, 2013.

Lecomte Jacques, «La résilience. Résister aux traumatismes», *Revue Sciences humaines,* novembre 1999.

Lévi-Strauss Claude, *La Pensée sauvage,* Plon, 1962.

Lévy-Leboyer Claude, *La Motivation dans l'entreprise,* Éditions d'Organisation, 1998.

Malarewicz Jacques-Antoine, *La Stratégie en thérapie ou l'hypnose sans hypnose de Milton H. Erickson,* ESF, 1988.

Martin-Krumm Charles et Tarquinio Cyril (dir.), *Traité de psychologie positive, fondements théoriques et implications pratiques*, De Boeck, 2011.

Martin-Krumm Charles, Tarquinio Cyril et Shaar Marie-Josée (dir.), *Psychologie positive en environnement professionnel*, De Boeck, 2013.

Mintzberg Henry, *Structure et dynamique des organisations*, Éditions d'Organisation, 1998.

Mintzberg Henry, Ahlstrand Bruce et Lampel Joseph, *Safari en pays de stratégie*, Village Mondial, 1999.

Mintzberg Henry, *Grandeur et décadence de la planification stratégique*, Dunod, 2004.

Peterson Christopher et Seligman Martin, *Character Strenghts and Virtues*, Oxford University Press, 2004.

Robbins Anthony, *L'Éveil de votre puissance intérieure*, Éditions du jour, 1993.

Rosenthal Robert et Jacobson Lenore, *Pygmalion in the Classroom*, Hoet, Rinehart & Winston, 1964.

Seligman Martin, *La Force de l'optimisme,* InterÉditions, 2008.

Seligman Martin, *La fabrique du bonheur*, InterÉditions, 2011.

Srinivasan Rajeev, *Entretiens avec Svami Prajnanpad,* Éditions Accarias L'Originel, 1984.

Sun Tzu, *L'Art de la guerre*, Champs/Flammarion, 1999.

Tissier Dominique, *Management situationnel*, Insep, 1997.

Watzlawick Paul, *La Réalité de la réalité,* Le Seuil, 1978.

Watzlawick Paul, *L'Invention de la réalité, Contributions au constructivisme,* 1981, trad. Seuil, 1985 réed. 1984 et trad. 1988.

Watzlawick Paul, *Les Cheveux du Baron de Münchausen. Psychothérapie et «réalité»,* Le Seuil, 1991.

Wilhem Warren, «L'étoffe des leaders», *in* Fondation Drucker, *Le Leader de demain*, Village Mondial, 1997.

Index

Table des exemples

Table des matières

conception
réalisation
mise en page pca

44405 Rezé cedex